Bringing Up Bookmonsters

# 这样做，
# 孩子超级爱读书！

## 在日常生活和游戏中
## 培养阅读兴趣与能力

［美］安珀·安科夫斯基（Amber Ankowski）

［美］安迪·安科夫斯基（Andy Ankowski）

著

王浩宇

译

世界图书出版公司

北京·广州·上海·西安

# 图书在版编目（CIP）数据

这样做，孩子超级爱读书！：在日常生活和游戏中培养阅读兴趣与能力 /（美）安珀·安科夫斯基（Amber Ankowski），（美）安迪·安科夫斯基（Andy Ankowski）著；王浩宇译 . — 北京：世界图书出版有限公司北京分公司，2023.1
（心世界）
ISBN 978-7-5192-9723-7

I.①这… II.①安… ②安… ③王… III.①阅读教学—儿童教育—家庭教育 IV.①G78

中国版本图书馆CIP数据核字（2022）第183668号

Original title:

Bringing Up Bookmonsters: The Joyful Way to Turn Your Child into a Fearless, Ravenous Reader

Copyright ©2021, 2022 by Amber Ankowski, PhD and Andy Ankowski

Originally published in the U. S. in 2021 by The Experiment, LLC. This edition published by arrangement with The Experiment, LLC.

---

| | |
|---|---|
| 书　　名 | 这样做，孩子超级爱读书！ |
| | ZHEYANG ZUO, HAIZI CHAOJI AI DUSHU! |
| 著　　者 | ［美］安珀·安科夫斯基　［美］安迪·安科夫斯基 |
| 译　　者 | 王浩宇 |
| 责任编辑 | 余守斌 |
| 特约编辑 | 赵昕培 董 桃 |
| 特约策划 | 巴别塔文化 |
| 出版发行 | 世界图书出版有限公司北京分公司 |
| 地　　址 | 北京市东城区朝内大街137号 |
| 邮　　编 | 100010 |
| 电　　话 | 010-64038355（发行） 64033507（总编室） |
| 网　　址 | http://www.wpcbj.com.cn |
| 邮　　箱 | wpcbjst@vip.163.com |
| 销　　售 | 各地新华书店 |
| 印　　刷 | 天津画中画印刷有限公司 |
| 开　　本 | 880mm×1230mm 1/32 |
| 印　　张 | 10 |
| 字　　数 | 211千字 |
| 版　　次 | 2023年1月第1版 |
| 印　　次 | 2023年1月第1次印刷 |
| 版权登记 | 01-2022-4346 |
| 国际书号 | ISBN 978-7-5192-9723-7 |
| 定　　价 | 59.00元 |

---

如有质量或印装问题，请拨打售后服务电话010-82838515

送给我们永远最爱的小书怪们，
萨米（Sammy）、弗雷迪（Freddy）和米莉耶（Millie）。

# 目 录

CONTENTS

**第二部分**
## 让你的小书怪舒适自在　　067

**第三部分**
## 喂养成长中的小书怪　　129

# 引 言　你眼皮底下的小书怪

请你换上一身卡其布探险服，再戴上一顶大的圆顶探险帽。因为我们即将开始一场冒险。

让我们越过堆积如山的脏衣服……

跨越布满玩具地雷陷阱的地毯……

让我们潜入传说中那难以捉摸的小生物的巢穴里，这个小生物就是小书怪！

没错，就是小书怪。如果你还没听过这个雄心勃勃又讨人喜欢的小生物的故事，以下是他们的几个重要特征：

1. 他们虽然身材矮小，但是充满了自信。

2. 他们热爱学习，并且经常用分数来证明这一点。

3. 他们好奇心旺盛，富有想象力，而且能够自娱自乐好几个小时。

对了，在我们继续往前走之前，还有一件关于小书怪的事你必须要知道：从你的孩子出生起，他的体内就藏着一只小书怪。而你正在阅读的这本书将会向你展示如何激发他体内小书怪的活力！

## 关于你的小书怪

作为父母，你想让你的孩子成为一个出色的阅读者，一个成绩为"A"的好学生，一个成功的、苗壮成长的成年人，但这听起来是一项大工程，对吗？好消息是，这个工程并不一定非常复杂，因为，如果我们能采用某种方法，帮助孩子不仅学会阅读，而且学会热爱阅读，他就可能会完全依靠自己在学业、工作、生活中取得成功。

这就是本书要讲的内容。

　　但你可能会觉得疑惑，到底为什么要让孩子变成一个"怪兽"？怪兽粗暴、麻烦，又吵闹，而且完全不受控制。对此，我们表示赞同。你说得没错。但你想一想，你的孩子难道不是已经经常这样了吗？

　　孩子往往具有过于充沛的能量，有时候我们会希望孩子的能量少一些。正因如此，我们不得不一直收拾孩子造成的烂摊子，让他叫嚷着比赛时安静些，亲吻他玩闹受伤时身上的肿包和瘀青。但是，如果你能帮助这个疯狂的小朋友变成小书怪——也就是变成对阅读无所畏惧、如饥似渴，觉得阅读充满乐趣的孩子，你就成功地将他一大部分过多的热情转移到了一件极其平和也极其重要的事情上。

　　这有多重要呢？请考虑一下。

　　对每一个孩子来说，学习阅读都是一个能改变其一生的发展过程。一旦孩子发现了如何破解密码，也就是破解那些之前看起来难以辨认的字词、数字，以及标点符号，他就变得比之前任何时候都更强壮和独立。他可以在任何时候阅读想读的书，也可以不用询问，只看菜单就知道一家饭店是只卖纯牛奶还是也卖巧克力牛奶。与此同时，我们家长想通过在他面前用写字的方式保守秘密也就变得不可能了。

　　但是这些基本的语言和文字技能仅仅是基础。

　　你要记住，小书怪不仅知道如何阅读，而且也非常喜欢阅读。而这种对文字永不满足的渴望能彻底改变孩子的发展轨迹。变成一个小书怪首先会让你的孩子体验到一种即时效果，即转变成一个拥有疯狂阅读能力的津津有味看书的小动物，也会让你的孩子在一生中以各种方式受益。这是因为小书怪往往会体验到更高层级的奖赏，例如：

### 学业成就

与那些不爱读书的同龄孩子相比，热爱语言和书籍的孩子会更早学会阅读，这会让他在刚开始上学时获得巨大的优势。研究表明，在上学早期就处于领先地位的孩子往往会在以后的学习中也保持领先。同时，成为一个优秀的阅读者不仅在语文课上对孩子有帮助，对他学习其他科目也有帮助。

### 自尊

在学校取得好成绩、获得父母的积极关注，并且相信自己有能力通过阅读简单地学习自己想学的任何东西，都会让孩子对自己感觉良好。

### 社会和情绪发展

在阅读书中那些能够感受到并表达很多情绪的角色的故事方面，孩子的经验越多，他自身在发展高级社交技能（例如共情能力）方面的准备就会越充分。

### 想象力

成为小书怪会让孩子的想象力得到充分的锻炼。知道如何将纸上的文字转化为头脑中的想象世界是一种重要的能力，这种能力也会迁移到生活中的其他事情上，例如预想修理水龙头的步骤、想象出一种非比寻常的新的奶昔口味，或者想明白做什么工作会让自己最开心。

### 关系满意度

你花费时间和精力把孩子培养成小书怪的过程会创造一种有意义的亲子关系。这种亲子关系对孩子来说就是一个模板，可以帮助他在未来获得建立健康的关系的能力。

### 人生成就

从一开始就培养孩子良好的读写能力会提高他未来获得更高学历和更高薪工作的可能性。他也会感到更加幸福、自由、充实。还有什么比这更令人满足呢？

教你的孩子学会阅读是一个好目标，但是更好的目标是教孩子成为一个有创造力和批判性思维的思考者。好消息是，通过把孩子养育成一个小书怪，你会自然地实现这两个目标。

# 关于你的旅程

你之所以选择读这本书，可能是因为你对如何教孩子阅读这件事很感兴趣，而这是一项非常重要、超级严肃、十分可怕的任务。你是不是觉得听起来有点夸张，有点吓人？我们也这样觉得。但如果你之前看过其他关于儿童读写能力的书，你就会发现这是一个相当有代表性的观点。这类资料中有很多让教孩子阅读这件事看起来过于困难和专业。它们让你觉得你需要工作表、教学卡片，需要书单和课程计划，最重要的是，还需要长时间的努力。

但小书怪其实并不需要这些。

同时，我们让孩子早早学会说话、能够轻松阅读，并且热爱学习的秘诀不会给家长带来压力或烦忧。在这本书中，你不会找到任何类似正式教学方法的东西。什么样的父母会有时间或精力，一周一次坐下来和孩子探讨正式的教学方法呢？更不用说一周这样做几次了。我们没有这个时间！你也没有！而且根据我们的经验，孩子大老远就能闻到"正式教学"的气息，而且绝对会不惜一切代价地逃避。

幸运的是，用"小书怪法"，你的孩子根本感觉不到自己上了阅读课。这是因为当你培养一只小书怪，他的读写能力就自然地发展出来了。通过专注于有乐趣的部分，以及经常把书本、阅读和对话融入家庭的日常活动，你会看到孩子在不知不觉中不断地获得技能。同时，你在帮助他时也不会觉得这是个苦差事。即使是本书结尾部分提到的一些语言技能层面的内容，你也可以随意地在日常情境下对所有年龄段的孩子使用。

　　但在我们开始之前，先暂时忘记你的孩子，咱们来聊聊你自己吧。请迁就我们一下，回答下面两个问题：

　　1. 你是一个喜欢阅读的成年人吗？

　　2. 你有关于阅读的美好童年回忆吗？

　　已经有答案了吗？很好。

　　如果你和大多数人一样，你给出的两个答案可能会密切相关。那些目前喜欢阅读的人也往往拥有关于读书的美好童年回忆——例如父母给自己读书、去图书馆借一大袋子书，以及暑假时每天花好几个小时读书。如果你小时候喜欢做一件事，例如读书，那么你成年之后依然喜欢它的概率会很高。这说得通，对吧？（除非你小时候喜欢的是吃鼻屎，希望你现在不喜欢这么做了。）

　　儿童发展研究也支持这一观点。有研究者对一群父母和他们的孩子进行了为期五年的跟踪研究，记录了父母花了多少时间教孩子读写技能，以及花了多少时间单纯地给孩子读书。他们发现，那些更多地接受来自父母的外显读写教学（也就是"教孩子如何读书"）的孩子在一年级时的阅读成绩是最高的。这没什么令人惊讶的，对吧？但接下来的发现就令人惊讶了：到了孩子三年级的时候，父母进行教学的时间多少就不再起什么作用了。相反，那些听父母读书更多的孩子通常成绩更好。

那么，这个研究和你刚才做的小测试都告诉了我们培养成功的阅读者的什么秘诀呢？对我们来说，以下就是全部的秘诀——

你让阅读变得越有趣，你的孩子在阅读时就会越兴奋。

这本书中的信息能让你了解到在以下两方面你所需要知道的一切：你的孩子到底是如何学习阅读的，以及你怎样才能轻松地将充满读写内容的活动融入日常生活——无论你小时候喜不喜欢读书。同时，由于培养小书怪最重要的要素就是愉快和乐趣，你当然也可以在培养孩子的过程中获得很多乐趣！我们之后提到的每种活动都会帮助你的孩子培养语言和读写能力，但尽管如此，这些活动做起来都不会像工作一样。我们看重的是快乐，而非作业；是游戏，而非抱怨；是高度兴奋的状态，而非填鸭式的课程。用这样的方式来对待你的旅程，你就会在不知不觉中培养出一只小书怪，同时还能增强你和孩子之间的情感联结。

## 关于你的指导

当你启程去探索、照顾和释放孩子身体里的小书怪时，你不应该独自进行这一任务。而有了这本书，你也不用独自去做了。

你走的每一步都会有两个人陪着：一个是安珀·安科夫斯基（Amber Ankowski），她是一位发展心理学教师，专业方向就是儿童的语言发展；另一位是她的丈夫安迪·安科夫斯基（Andy Ankowski），他是一位广告撰稿人，擅长开小朋友们觉得很有趣的玩笑。我们两个人会一起讨论、教授、撰写最有效的养育技巧。当我们不在做这些事时，我们会在家里搞研究——研究我们家的三只小书怪！

我们的三个小孩都展现出了小书怪的特征——他们都很早就学会了说话，把书本当作最喜爱的玩具，而且5岁时就学会了阅读。然而我们连一张教学卡片都没有。至少我们觉得我们没有……我们家真的是乱糟糟的。（我们说过我们家有三个小孩吗？说过啊，好的。）

成为好几个小书怪的父母很酷的一点是，我们能够观察到每一个孩子是如何用独特的方式对阅读"进攻"的。我们最大的女儿会津津有味地看她能找到的每一本书，包括那些远超她所在年级水平的儿童故事书[①]。我们的儿子很喜欢读那些在语言上找乐趣的书，例如与韵律、笑话，以及与一些无意义的词语有关的书，这些都会逗得他"咯咯"笑。而我们的小女儿1岁时就开始几乎每天都用力地把书丢在我们脸上并大喊"嘣！"，然后跳到我们的大腿上，让我们读书给她听。虽然表现方式不一样，但他们三个都是小书怪。一旦你开始培养自己的小书怪，你就会惊奇地发现，你的孩子会以独特的方式炫耀他对语言和文字的热爱。

所以请确保你的阅读灯充足了电，你也舔湿了指尖，然后翻开书本……搜寻小书怪行动现在开始！

---

① 　原文为 chapter book，指给从阅读图画书逐渐过渡到阅读纯文字书的孩子准备的具有多个章节的故事书。许多儿童故事书仍有插图，但插图没有在图画书中那么重要。（如无特殊说明，本书脚注均为译者注。）

# 第一部分

# 小书怪的诞生

大多数人都会认为生孩子是一件紧张痛苦、令人精疲力竭的事情。但如果你认为培养一个会读书的孩子也得是同样的感觉，那就错了。后面几页的内容将向你展示"生出"一只小书怪有多么容易。我们会把你与孩子沟通的基本方式分解为谈话、倾听、手势以及共同阅读等，并向你展示你可以怎样运用这些方式从而为孩子的成功阅读做好准备。你可以在孩子出生之后立即使用这些方法，也可以在之后的任何时候使用，因为激发出孩子内在的小书怪这件事永远不会太早，也永远不会太晚。最棒的一点是，本书中的所有策略都不会让人觉得是苦差事。

# 第一章　小书怪的生理结构

　　鸟、鱼、鹿、小书怪。无论你在搜寻的是什么生物，你都需要对它有确切的了解，否则你是找不到它们的。培养小书怪的第一步就要从这里开始。假设你的孩子马上就要变成一个读写能力超强的物种，请把接下来的几页想象成一份快捷指南，它会帮你识别这一生物的很多特征。

　　咱们开始阅读和研究，并准备好让你家的小家伙变成小书怪吧！

## 学　名

*Devoroscriptum monstrosus*（"monstrous devourer of letters"）

吃文字属怪兽种（"爱吃文字的怪兽"）

## 通　称

小书怪、小书虫、独立阅读者、好学生、才智超群者、有创造力的孩子、熟练掌握中等偏上的词汇量者、优秀的沟通者、聪明人、你的骄傲和欢乐源泉。

### 鉴别特征

1. 具有超级聪明的**大脑**，并已经做好上学的准备

虽然婴儿在出生时已经拥有了一生中的大部分神经元，但他们的大脑还没有发育成熟。相反，在生命的最初十年前后，大脑的神经元会广泛获得有效、准确的连接，从而实现日益复杂的认知。换句话说，孩子的大脑还有很大的成长空间！这一复杂、动态的成长过程就是大脑在为发展出成人的思维能力做准备，而这一过程完全取决于儿童的经历。

从饮食的变化、日常压力，到创伤事件，各种人生经历都会影响儿童的行为。但你可能没有意识到，这些环境因素也会影响孩子的大脑发育。这说明我们现在让孩子接触的事情会影响他一生的思维方式。例如，暴露在二手烟中的胎儿和幼儿的大脑与正常儿童的大脑会有明显差异，这种差异与学龄前儿童的问题行为密切相关。

即使是那些看起来不太重要的事情，例如我们说话、阅读，以及与孩子互动的方式，也会给孩子的行为和他一生如何思考带来巨大的影响。这就是为什么做出培养一只小书怪的决定非常重要。学习阅读需要孩子大脑的多个区域以新的方式协同工作，例如用视觉

区域解读书面的符号、用听觉区域解码词语的声音、用语言区域协调文本信息与口语发音，以及用概念区域将文本内容与储存的知识进行联系。这确实是一种全脑的运动。

2. **双眼**迫切地寻找学习的机会

　　婴儿从子宫出来时，就具有向他人学习的天然倾向。出生几个小时之后，婴儿就已经可以模仿你的面部表情了。到孩子6周大时，即使你不在他身边，他也能够记住并一直模仿你做过的鬼脸。这些看起来很幼小、浑身肉嘟嘟的小家伙确实比看起来具有更多的能力。婴儿从一开始就用警觉、好奇的眼睛观察着你，吸收各种知识，并随着成长学习越来越高级的课程。

当孩子最终开始意识到他们在书中看到的一行一行的符号是有意义的，他会发现阅读是一种奇妙的经历。他突然来到了一个充满信息的全新世界，并意识到周围充斥着的有趣想法和故事比他们已知的多得多。我们已经想不起来自己有这样的体验时的那种感觉了，但我们想象那种感觉肯定像是婴儿第一次尝到了真正的食物一样。在很长的时间里，孩子都只能吃口味单一的蔬菜糊糊，然后他突然尝到了一口比萨，并惊讶地发现，原来世界上充满了各式各样的味道——伙计们，要把它们都尝一遍才行！

孩子对语言和文本的热爱一旦被唤醒，他就会热切地寻找一切能找到的文字，运用天然的学习机制，并让自己成长为一只成熟的小书怪。

3. 竖起**耳朵**，擅长倾听

我们都知道让小朋友听话有多难。就算花几个小时用最大的声音喊"收拾好你的玩具！""去洗手！""该睡觉了！"，他可能连眼睛都不会眨一下。（然而一旦我们小声说了句"巧克力"，他就会飞奔过来，这是怎么回事？）那么，关于小书怪比较酷的一点就是，他在听你说话这点上，会比一般小孩子做得稍微好一些。

这是如何做到的呢？每当你打开一本书并和孩子分享的时候，

你都在做这样一件事：要求他仔细倾听，以尽可能理解故事。但更重要的是，你还给予了他无价的爱和关注。通过将宝贵的拥抱与孩子坐直和专注的行为进行匹配，你能帮助孩子对一项能力感觉良好，而这一能力在他的一生中都具有宝贵的价值。小书怪并非生来就比其他孩子更加冷静或好学，他只是练习得更多，而这些练习可能会给他带来巨大的成功。

**4. 嘴**里会冒出越来越多的词语

很抱歉（当然这并不是一件坏事），小书怪并不是那种我们能看得见身形但听不到声音的生物。他的词汇量十分丰富，堵都堵不住。即使是我们那个碰巧特别安静的儿子，他在遇到一些他很关心的话题（例如机器人、培根、馅饼等，就是那些生活中的好东西）时也会说个不停。当孩子接触到很多书本和有趣的读写互动（例如本书后面提到的各种活动）时，他就会学习到巨量的词语，发展出表达自己想法和感受的能力，并逐渐成为一个优秀的沟通对象。

所以坐下来好好享受吧。一旦你习惯了小书怪的音量，真的就没有什么声音比他的声音更可爱了。

**5. 内心**洋溢着对书本（和人们）的喜爱

你的小书怪将会深深地、彻底地、完全地热爱读书，这一点不足为奇。毕竟，小书怪最擅长的就是读书了。但你可能没有意识到，你的孩子很快就会出现的追着书本看的状态还能帮助他拥有更强的对其他人的同理心。

你看，理解故事需要你采取不同人物的视角，并理解他的感受、看到他行为的动机。这一点对所有故事来说都是一样——不管这些故事出自简短的画册，还是面向成人的长篇小说。这就是经常读书的人一生都表现出更强烈的共情能力的原因。那些经常听家长读故事的孩子往往会更早地发展出理解他人的能力，而那些经常读书的成年人往往更有同理心。理解他人的观点是成功社交的先决条件，对孩子获得建立健康关系的能力来说是一个好兆头，不管这种关系是存在于操场上、办公室里，还是在老年中心的水中有氧运动课上。

阅读给了孩子一个机会，让他站在与自己的视角很不一样的视角上体验那些离自己日常生活很远的挑战和快乐。他还能体验到一些只在梦里出现过的特别酷的事情。例如像《查理和奶酪怪兽》中那样乘火箭去见月球的居民"奶酪怪兽"，像《奥利维亚组成了一支乐队》中那样独自带领一支成熟的游行乐队，或者像《飞行员维奥莱特》中描写的那样，用日常用品制造一架飞机，并在航空展上进行表演。在书中，可能性是无穷的——你的孩子对它们的喜爱也是无穷的。

6. 强有力的**臂膀**能够搬起许多书

小书怪非常强壮，当然这是因为他们带了一大堆书！

但说实话，这其实是我们对自己开的玩笑。虽然小书怪确实经常把书抱在怀里,但其实到最后还是我们大人经常去图书馆拎着一大袋沉得不行的书回来。但相信我们,你给你的小书怪带来的是终身的受益,这会让你的肱二头肌的酸痛很有价值。

### 7. **手准备好写字**

从在还不会说话的时候用手势传达自己的意思,到翻页的速度比你说"百科全书"这个词还快,再到自己写诗和文章,小书怪的双手永远是活跃的。在一本接着一本读书时体验到的快乐会让他产生一种自然的、压抑不住想要表达自己的渴望,届时,他就会开始创作属于自己的作品了!

# 第二章　召唤小书怪的完美方法

在钓鱼的时候,你会徒手把钩子穿过黏糊糊的、蠕动的、沾满尘土的虫子的身体。在打猎的时候,你会在自己身上涂抹鹿的尿液。这两种方法都能有效地吸引猎物,但也都超级恶心。幸运的是,将小书怪从你家孩子体内吸引出来完全不需要这么恶心。那是因为,有史以来召唤小书怪的最棒的方法是——

你准备好听答案了吗?

是你的声音!确切地说,是你说话的声音,说很多、很多、很多话的声音。

小书怪会本能地被词语吸引。他就是听不够。所以你对孩子说的话越多、越早开始说,你就会越快获得一只"饥饿"的小书怪。这背后的科学原理很简单:你的孩子听到的词语越多,他理解的词语就越多；他理解的词语越多，就越容易在书本中将其识别出来；他在书中读到的字词越多，能够发现、学习和理解的新词语就更多。以此类推，他在热爱书籍的余生中都会重复这一过程。

所以说真的，帮助你的孩子学习阅读的首要也是最重要的方法就是与他进行大量的交流。一定要是大量的交流。例如，在交流过程中，你已经说到嗓子都哑了，已经厌倦再听到自己的声音了，甚至已经没有什么想说的了，你依然要继续说话。

在孩子的生命早期，你们对话的具体内容并不是非常重要。你可以谈论任何出现在脑海中的话题：换尿布、吃几勺豌豆糊、婴儿车上的带子断了、看到一只小松鼠在爬树、拥抱和亲吻有多么棒，或者说一说军费超支和过度征税如何导致了

罗马帝国的衰落。请确保你的孩子全天都能听到很多很棒、内容很丰富的语言。你的小书怪会自动完成后面的事情——用他的小牙齿咬住这些语言，狼吞虎咽地吃下去，并以此为养料，冒出更多更令人印象深刻的词。

如果我们不是一个话多的人怎么办呢？或者我们不相信自己的声音是召唤小书怪的最好方法，又或者仅仅是喜欢用困难的方式做事，那又该怎么办呢？好吧，有些人就是喜欢把整个手臂埋进水下

的泥坑里，用它作为捕捉鲶鱼的诱饵。我们也不会阻止他这样做。

但是请考虑一下：孩子们在生命前几年听到词语的数量对他的影响保持的时间可能比你预期的要长久很多。以下是原因：

1. 有研究者统计了父母在日常家庭生活中对孩子说的词语的数量，并估计从出生到4岁之间，一些孩子比其他孩子多听到三千万个词。

2. 与听到词语更少的同龄孩子相比，听到更多词语的孩子的词汇量更高、上学所需能力更强。

3. 在上幼儿园第一天时（甚至在还没有上第一节课的时候）词汇量更高、上学所需能力更强的孩子在所有学年的成绩普遍更高。

所以，在开始上幼儿园的时候，有些孩子听到的词比其他孩子多得多，而且这对他们长期的学业成就具有巨大的影响。这说明你（以及你的声音）有一项极其重要的工作要做。

让我们开始说话吧！

说真的，此刻请你放下这本书，并与你的孩子开始一段对话。（除非你的孩子在睡觉。如果是这样，请你尽情享受这美丽的休息时光，你可以在这段"魔法时间"结束之后再开始对话。）如果你愿意，你甚至可以将这本书当作道具，与孩子讨论你刚刚在书中看到的内容。你可以说说书里介绍的小书怪多么可爱，或者将文字狼吞虎咽地吃下去的样子多么吓人。你可以说说他在吃的是哪个字、你觉得小书怪可能是什么颜色的，或者如果你养一只小书怪当宠物，会给他起什么名字。再次声明，你说的内容并不十分重要。只要你在说而且你的孩子在听就好。

快去吧，我们在这里等你。

很有趣吧？我们希望如此，因为这样做应该是很有趣的！事实上，我们认为和孩子交流的时候，有趣应该永远是你的首要目标。每个人都是在玩得开心的时候学得最好。另外，这也会带来更好的亲子关系。

但如果你有下面提到的一些担忧，而且交流因此受到了影响，你该怎么办呢？

## 担心你的孩子太小了？

放心吧，孩子永远不会因为年纪太小而不适合进行对话。开始和小书怪闲聊的最佳时间就是他刚出生的时候。但如果碰巧你的孩子不是刚巧在昨天才出生，而且你开始得有点晚了，也别苦恼。任何时候都是开始大量对话的好时机——请记住，一旦你开始了，就不要停！一开始孩子可能不怎么会参与到对话中来。但随着时间推移，他会开始咕哝着回应，然后就是讨人喜欢的牙牙学语，接着学会说词语，到最后说出完整的一句话。你的孩子每天都会说越来越多的话，而且你说得越多，这个发展进程就会越快。

## 害怕你的孩子会不理解你在说什么？

不管你的小书怪几岁了，有一件事是确定的：你的小孩知道的永远比你想象的要多，并且他在每一个发展阶段都是如此。刚出生的宝宝就可以识别出父母的声音（因为他在子宫里已经听过无数次了），学步期的孩子知道你口中的"意大利面"和"玉米煎饼"的含义（尽管当他自己说这两个词的时候，发音会变成"利大意面"和"鱼米煎冰"）。一个已经30岁却还在"啃老"的人也充分理解他应该停止依赖父母（但是可能就是做不到，因为像成年人一样行事真的是太难了）。

当孩子说出第一个词时，他其实已经理解了非常多词语了。所以，去吧，假设孩子知道的比他看起来知道的多得多，并以这样的方式对待他。

## 你觉得很别扭，好像在自言自语？

我们是不会说谎的。当你按照我们的建议行事时，你一开始看起来可能确实有点奇怪。我们的大女儿已经准备好睡一张大点的床时，我们曾带孩子们一起去家具店。安珀和我们2岁的小女儿手拉着手逛家具商场，讨论着各种各样可选的床。一个困惑不解的售货员走到安珀面前，问她："你在和谁说话？"售货员像一只野外的鸵鸟一样四处转头寻找答案。这不是开玩笑。从售货员脸上的表情来看，她显然认为安珀更有可能是在与一个想象出来的看不见的幽灵讨论家具，而不是对她百分之百看得见的小女孩说话。她和很多人一样，并不理解互动对儿童发展的重要性。相信我们，即使你的孩子还不能有所回应，他也在聚精会神地听你说话。

## 你认为你只能说一些基本的词语？

请记住，我们的目标是帮孩子获得巨大的词汇量，所以你用的词越多，你的孩子学习的词就会越多。事实上，那些词汇量大的父母也更容易培养出词汇量大的孩子。这是因为那些父母在与孩子交流的时候会调用自己知道的所有词语。所以，无论你自己的词汇量有多少，你都应该跳过"宝宝用语"，使用你所知道的所有词语，让你的孩子从中受益。（当然，也不要所有词语都说。那些少儿不宜的话就等孩子睡着再说吧。）

## 不知道你应该说些什么？

我们明白，说个不停不是对每个人来说都那么自然，但请记住：（1）这是为了你的小书怪好；（2）你的孩子不会像面试官或初次约会的对象那样评价你的沟通技巧；（3）你说什么真的不重要，重要的是你在说。但如果你依然想要一些明确的指导，请按照下面的提示，为孩子的一天增加更多闲聊的话题。

## 描述一切

如果你曾经想过，你可能具备成为一名优秀体育评论员的潜质，那么现在就是一个证明自己的好时机。请假装你和孩子正在看一场体育比赛，而你的工作就是进行现场解说。你需要描述一切发生在你身边的事情——你在做什么、你为什么要这么做，以及在你这么做的时候刚好出现在你身边的人、动物，或者物品的名字等。这样做会让孩子听到更多的词，并学习到与他的体验相匹配的语言。如果你的孩子很小，还不能充分参与到你来我往的对话中，这个方法就十分有用。因为不管怎么样，你与孩子的对话主要还是需要你来讲话。

## 做一本活字典

孩子对很多词语的学习都是通过弄明白在它们日常对话中的含义进行的。但有的时候更直接地教词语也是一个好办法。如果你碰到了一个不常见的、令人困惑的，或者仅仅是你认为有趣的词，你可以花一点时间直接与孩子讨论。如果你看到一个写着"注意"的标志，你可以谈一谈这个词写得多么大、发音有多么奇怪，但这个词的含义仅仅是我们需要小心一点。或者，如果你们在外面玩的时候看到一只飞蛾，你可以谈论飞蛾和蝴蝶长得很像，但是颜色更深，而且只在夜晚出现。一旦你开始这样做，你将会惊讶于这样做有多么自然，因为你很清楚哪些词语是孩子已经知道的、哪些是他可能准备好学习的，以及哪些新词可能是他最喜欢讨论的。

## 吸引孩子的兴趣

如果你的孩子无聊到打盹，他就没法从你们的对话中学到太多知识。请吸引他的注意力，让他参与到谈话中。如果孩子喜欢卡车，你可以指出并讨论附近建筑工地上所有看起来很酷的重型机械。如果你的孩子回应"不，我说的是我喜欢鸭子"，那你就回答"是我的错"，然后直奔最近的池塘。

## 谈一谈无形的事物

与孩子聊一聊那些不在他面前的事物，例如你们一起参加过的活动、你未来计划做的事情，或者不在房间里的人或事物。因为相比于那些你能马上看到或者能指向的事物，谈论这些会更复杂，孩子也会由此发展出更高级的语言和读写能力。

## 安排一些谈话时间

如果你觉得在自然状态下你一天中没有充足的时间与孩子进行交流，那么你可以尝试专门为谈话安排一些时间。无干扰的日常家庭晚餐时间就是一个谈话的好机会。而且大量研究也发现，每周进行至少五次家庭晚餐与孩子的各种积极结果有关。这些积极结果包括：

◎ 更大的词汇量

◎ 更高的阅读分数

◎ 在学校有更强的动机

◎ 与同伴和父母更好的关系

◎ 更健康的饮食习惯

◎ 更低的患饮食障碍、肥胖症，以及饮酒和吸毒概率

◎ 更强的情绪幸福感和生活满意度

此外，饭桌上还有美食呢！

# 第三章　倾听小书怪的声音

除非你喜欢被宠物伤到，否则，能区分狗表示闹着玩的喘息声和恐吓他人的低吼，以及猫表示"来拍我"的"咕噜"声和"我要扑向你了"的"嘶嘶"声是很有帮助的。

那你的小书怪发出的声音是怎样的呢？你知道如何倾听他的声音吗？你能辨识他声音的含义吗？你知道回应他的最好方法吗？在你试着帮助孩子成长为一个自主的读者时，很重要的一点是要留心倾听他发出的所有声音。你的小书怪的每一次咕哝和叹息背后都是一个你进行回应的好机会，也是你的孩子学习的好机会。

这就是我们的意思：当父母是好的、积极回应的倾听者时，孩子会更快地发展出更好的语言能力。这是如何做到的呢？请想一想，当孩子尝试与你沟通，并且你回应了他时，会发生什么？如果你不回应他，又会发生什么？你对他的回应可能会带来下面的结果：

> 你的孩子会说一些什么。
>
> 你说些什么以示回应。
>
> 你的孩子又会说一些什么。
>
> 你再次说些什么回应。
>
> 以此类推，很快你们就会进行一次真正的现场对话，
> 你们俩可能都会从中得到一些有价值的东西。

然而，当你不回应的时候，结果可能是这样的：

> 你的孩子说一些什么。
>
> 你忽视了。
>
> 你的孩子跑开去玩火柴，或者吃洗衣粉。

这种结果不是很好，对吧？

大量的科学证据也支持这一观点。在一项实验中，研究者们观察了一些亲子对话。他们注意到，当孩子尝试与大人沟通的时候，一些家长积极地进行回应，通过口头的回答、点头、微笑或者只是简单地适时抚摩孩子表明他们在倾听。而另一些家长几乎完全意识不到孩子的努力。当研究者们比较这些孩子的语言发展时，他们发现，从家长那里获得积极回应的孩子的词汇量更大，达到语言发

展里程碑（例如说出第一个词和句子）的时间更早。

在另一项研究中，研究人员观察了一些还不会说话的9个月大的孩子和父母玩半个小时。一些父母被要求在孩子每次开始牙牙学语（也就是发出一些像是语言的声音）的时候给予回应，例如说话、靠近孩子、微笑或者抚摩孩子。其他父母也同样被要求进行上述回应，但是回应行为随机出现，与孩子的发声不同步。结果如何呢？获得的父母回应与自己的声音同步的孩子在简短的游戏过程中获得了令人惊讶的成长——与实验开始的时候相比，这些孩子在实验结束时会更频繁地发出语言学意义上更复杂的学语声。

如果父母在短短30分钟里提供积极回应就能使孩子的语言技能获得如此大的提升，请想象一下，当你把倾听和回应变成一种日常习惯时，你的小书怪将会有怎样的成长！

以下是一些这样做的方法。请浏览下面的表格，表格中列举了你的孩子可能在生命的不同阶段发出的一系列声音、这些声音的含义，以及你可以如何回应他。

| 儿童的声音 | 声音的含义 | 如何回应 |
| --- | --- | --- |
| 哭泣、咕哝、打嗝 | 这些都不是真正的语音，而是孩子练习使用声带的机会 | 去看看他需要什么。可能是需要食物、睡一觉，或者换新尿布 |
| "喔喔"声 | 大概2个月大时，孩子开始只用元音（例如"啊啊啊"或者"哦哦哦"） | 也发出"喔喔"声，就像爸爸妈妈也是两只小鸟 |

续　表

| 儿童的声音 | 声音的含义 | 如何回应 |
|---|---|---|
| 声音游戏 | 在大概4个月大的时候，孩子首次发出一些辅音 | 这需要更多高级的运动动作，请对孩子的努力给予称赞 |
| 牙牙学语 | 大概9个月大的时候，孩子开始第一次重复地发出一组辅音和元音（"bababababa"或"me-mememe"），再将这些音混在一起（"bawademoma"） | 通过模仿你的孩子发出的声音（"wewewewe"）鼓励更多的发声实验，然后再稍微改变一下声音（例如发出"woo-woowoowoo"的声音），看看你的孩子会不会模仿 |
| "婴语" | 孩子将牙牙学语与适当的语调结合在一起（例如假装在讲电话，但不使用任何真正的词语，只是模仿对话的节奏） | 这是一条清晰的线索，表明你的孩子对与你沟通感兴趣。你可以说一两句话就停顿一下，给孩子创造轮流对话的机会 |
| "原词" | 孩子会编造一些词，并总用它们表达相同的意思，但和成人对它的称呼并不一致（例如把水叫作"baya"） | 试着弄明白这些"原词"是什么意思。每成功解码一个词，你与孩子的沟通就会更顺畅一些 |
| 第一个字 | 孩子说出第一个词的年龄范围很大（从大概9个月到2岁不等，平均年龄为1岁），而且第一个词往往是爸爸或妈妈的名字 | 如果你的宝宝先说的是你的名字，请尽情享受这个瞬间。如果说的是别人的名字，请提醒自己，如果未来再有了宝宝，多说自己的名字 |

　　针对国际孤儿院的儿童发展研究为"积极回应能给孩子带来巨大的影响"这一观点提供了令人印象深刻的（也是令人非常悲伤的）证据。被研究的孤儿院中没有足够的照料者来适当地满足孤儿的

需要，一个照料者可能会照顾10个孩子。这种安排让照料者只能解决每个孩子最基本的需求，例如换尿布和喂养。他们会把孩子们放在婴儿床上，以方便完成这些事情。孩子们没法在感到饥饿的时候马上得到食物，在尿布脏了的时候也不能马上就换一个，只能在轮到他们的时候得到关注。这与典型的照料场景完全不一样。在后者的状态下，宝宝的哭泣会让父母抱起他，满足他的任何需求。由于孤儿哭泣的时候往往得不到可靠的回应，他们就学会完全不哭了。

如果你在这一章中没学到其他的东西，请记住一件事，那就是你的回应相当强大。你回应得越多，孩子学得越多；孩子学得越多，他说得就越多；他说得越多，你回应得就越多。以此类推，你就构建了一个语言发展的魔法循环。

是不是觉得你与孩子的沟通游戏还没有达到标准？以下的具体提示可能会对你有帮助。

## 你要意识到自己不能伪装

你有没有出现过这样的情况：你表现得好像在倾听孩子的话语，但实际上你只是在点头，随口应和几句"嗯嗯！""真的呀！"或者"这你得问问你妈妈！"？如果你曾经这样做过，你的孩子一定也察觉到了。孩子往往比我们所认为的要聪明得多，这种聪明包括非常擅长识别社交线索。只有真实的、体贴的回应才能让孩子受益，你不能对此敷衍了事（或许也包括不要经常盯着手机看）。

# 展现一些情绪

请记住，我们的目标就是给孩子创造很多练习说话的机会，所以请确保他受到非常多的正强化，这会让他知道你很喜欢听他说话。脸上挂着大大的微笑、热情地点头，当孩子告诉你一些疯狂的想法时惊讶地看着他，在他开玩笑时笑得久一点、夸张一点。这会让他知道你在倾听，让他感受到自己是被欣赏的，而且这样做对你来说也很有趣！

# 让孩子主导对话

研究表明，孩子在自己能控制的对话中学习到的东西最多，所以请尽可能多地谈论那些孩子已经在关注的事情。例如，尽管你精心准备了一晚上的文字课，很想给孩子讲一讲，但此刻你的孩子正在专心玩沙子，请提醒自己要保持灵活性。与其强迫孩子转换思路，专注于你手上拿的那本书，你不如加入到孩子的欢乐中。抓起一把铲子，傻笑着说你们俩把自己搞得脏兮兮的，然后在你的"游戏时间谈话"中加入一些具有教育性的小知识，例如"你知道吗？沙子实际上是微小的岩石碎片，是经过很多很多年风和水的冲刷产生的"。至于你准备好的文字课，你可以之后再给他上。

## 严肃地对待孩子的问题

我们知道，孩子们的问题太多了，以至于这都成了一句玩笑。"我们到了吗？""晚饭吃什么？""为什么那个人的大光头上没有头发（而那个人就在完全听得见这句话的地方）？""为什么？""为什么不呢？""为什么是这样？""为什么是那样？""为什么？为什么？为什么？"研究也证实，孩子提出的问题多并不是父母的错觉。一项实验表明，与父母积极互动的孩子平均每小时会问76个查询信息的问题。天啊！你可能会觉得孩子太烦人了，但在此之前，请记住孩子只是因为天性好奇才会这样。他们就像小科学家一样，尝试认清这个世界，而他们的提问是在邀请你帮忙。而且，你的回答确实会对孩子很有帮助！与你直接告诉孩子的一些信息相比，那些从问题中搜集到的信息孩子会记得更牢。而且，这也是一种讨好——当你的孩子问你问题时，他也确实想听听你的想法。

## 你也可以提出问题

向你的孩子问问题是一个鼓励互动的好办法。另外，有时你会听到一些意想不到的有趣事情。有一次，我们家3岁的儿子告诉我们他拿的一根棍子是"气球枪"。我们自然而然地以为他说的是一只可以射出气球的枪。不过还好我们问了一下，因为他告诉我们，它会射出"坏人生日宴会上出现的有毒的香草蛋糕"，这是一个令我们相当惊讶的答案。我们知道，有时候让孩子回答诸如"在学校过得如何？"的普通日常问题很难，所以你可以试着多问一些不寻常的问题，例如"今天发生的最好玩的事情是什么？"，或者"今天上课你有没有做什么特别有趣或者特别无聊的活动呀？"。请用对话的方式问这些问题，不要搞得像测试一样。

## 请记住你在和孩子建立联结

即时、持续地回应你的孩子不仅仅对他的语言发展有好处，而且还能促进他的社会和情绪发展。你回应的方式是决定孩子对你的依恋程度的一个重要因素。安全型依恋能预测很多关于你的家庭的积极结果，包括当前更好的亲子关系，以及孩子在一生中建立和维持更高质量的关系的能力。

## 别放弃

关于孩子学习说话的一个事实是：他们的发音不会永远都很完美。孩子经常拼错词，例如重复说第一个音节（例如把"瓶子"读成"瓶瓶"）、从一组辅音中漏掉一个辅音（例如把"蜘蛛"说成"蜘呜"）、说错一个词的最后一个辅音（例如把"虫子"说成"虫儿"），或者漏掉一个音节（例如把"荡秋千"说成"荡千"）。而且，孩子需要花很长的时间才能清晰地发出比较难的声音，例如／s／、／f／、

/ z /、/ v /、/ j / 等。有时父母会因为孩子不能清晰地发出这些音而变得很不安，开始急着寻找干预方法。孩子在8岁左右的时候仍在努力获取这些能力是完全正常的！与其担心这样的语言错误，还不如试着关注他出错的时候有多可爱。我们就特别喜欢我们孩子的一些语音错误，以至于有些错误一直没有改回来。在我家，"电脑"被叫作"电老"，"人类"被说成"人内"，"睡得香"听起来是"睡得姜"。

但是，不可避免地，你的孩子在一些时候会尝试告诉你一些事情，但是你无论如何也想不出他说的是什么。这种情况下，你可以微笑着含糊地说一些积极的话，例如"真的吗？哇！"，并希望你的孩子可以换一个想法。你也可以试着推断你的孩子到底想说什么。如果你想走福尔摩斯的路线，以下是一些可能会有帮助的策略。

◎ 猜测孩子的意思（"你是看到了一只鸟吗？""你看到了一艘船？""你看到了一片鳄梨吐司？"）。

◎ 请教比他年龄大一点的哥哥姐姐（他们往往很擅长宝宝用语）。

◎ 承认你遇到了困难，向你的孩子求助（"对不起，宝贝，但我没听明白你刚刚说的那个词。""你能描述一下它长什么样子吗？""你知道它的另一种说法吗？""你能把它表演出来吗？"）。

我们以前经常按上述步骤与我们年纪最小的小书怪交流。到她

3岁的时候，都不用我们问，她就会主动把我们听不懂的词的同义词告诉我们。

# 让自己休息一下

你对孩子的回应非常重要，我猜你现在对这一点已经印象深刻了。请不要惊慌，不要认为如果你没有在孩子每次开口的时候说话回应，孩子的一生就完蛋了。有时候你和孩子都需要休息一下，而且这也确实会对孩子的发展有好处。你看，除了与你讲话，孩子也会自言自语，而且是经常自言自语。自言自语（儿童发展专家称之为"私语"）对语言和认知发展都具有重要作用。儿童经常通过这种方式练习和内化他在与你的对话中学到的内容。所以，当孩子自言自语时，私语的内容在语言学意义上往往比日常说的话更复杂。孩子通过私语来尝试新的词语，之后才将其用于真实的互动。孩子还会用私语进行自我指导，或引导自己完成一些特别困难的任务。有时你可以观察到孩子自言自语，例如在玩玩具的时候、自己坐在车座上的时候、睡着之前躺在床上的时候，或者在其他安静的时候。我们建议你尽可能多地偷听孩子的私语。我们提出这个建议的一部分原因是他不会永远这样做，但最主要的原因是这个过程中孩子实在是太可爱了！

# 第四章　像小书怪一样行动

　　变色龙通过改变身体的颜色表达心情。河豚会把自己的身体膨胀成一个布满刺的大球，表达"别吃我"。蓝脚鲣鸟会用疯狂的、大摇大摆的舞蹈求偶。信不信由你，小书怪其实和这些小动物很像：当他想要沟通一些事情的时候，他的整个身体都会动起来。

　　没错，小书怪喜欢打手势。尽管很多人也"用手说话"，但他们几乎从未有意识地审视过自己的手势。而当人们思考"打手势"这件事时，他们往往会假定它指的是那些让说话时爱打手势的意大利人的家庭团聚显得更有趣的无意识挥手动作，但其实并不仅仅如此。

　　其实，打手势对小书怪的语言发展很有帮助。为了让你有全面的理解，你需要从头开始（从你的孩子出生开始）。

# 手势的发展

你应该已经注意到了，孩子并不是一出生就能流畅说话的。这是因为发出字词的声音是很难的，需要孩子发展出足够的能力来控制声带。但你知道做什么不那么难吗？那就是搞清楚如何控制自己的手、四肢，以及其他较大的、明显的身体部位。这就是为什么孩子在能说话之前就可以很好地用打手势的方式与你沟通。以下是一些例子。

| 孩子想做什么 | 孩子可能怎样打手势 | 孩子想表达什么意思 |
| --- | --- | --- |
| 表示物体 | 做出投掷动作<br>身体弹动<br>抽鼻子 | "球"<br>"马"<br>"花" |
| 提出请求 | 举起胳膊<br>手上下摆动<br>拍拍妈妈的胸 | "抱我"<br>"弹钢琴"<br>"午饭时间" |
| 描述事物 | 手掌心朝上<br>伸开胳膊<br>舔嘴唇 | "都没了"<br>"大"<br>"好吃"（也可能是指妈妈的乳房，对吧？） |

你可以看到，孩子们在学会说话之前，会利用一切可以利用的方式来表达自己的观点，而且他们会动用全身，确保别人理解了自己的意思。打手势是学习和沟通过程中一个自然的部分，全世界所有语言的使用者都会这样做。即使是天生的盲人也会打手势，虽然他们从没见过其他人这么做。

# 孩子的手势和词汇量有关

在孩子们刚开始说话的时候，别期望他们的手势会突然消失。事实上，研究者发现手势和语言在儿童的整个发展过程中具有稳定的相关性。一般来说，使用更多手势的孩子说的词也更多。

这是为什么呢？

为了回答这个问题，请想一想你、你的孩子，以及地球上其他人使用的最常见的一种手势——用手指向某个东西。大多数孩子在1岁之前就会开始用手指东西了，这是一个很重要的阶段。指向的动作标志了孩子思维的巨大转变，表明他已经意识到世界上的事物可以用词语来表达……而且他希望你能告诉他这些词语是什么。

请想一想，孩子在你旁边打手势的时候会发生什么呢？例如你正坐在厨房里，然后你的宝宝开始兴奋地指向一根香蕉。你可能会说："噢！香蕉？你想吃香蕉吗？"然后你的孩子可能会疯狂点头，嘴里咕哝着奔向放水果的盘子，身子几乎从宝宝椅上一头栽下去。这时，你肯定会继续说话，安抚孩子："别担心，我现在就去给你拿香蕉。你看，我在剥香蕉。这个香蕉肯定特别好吃，对吗？好啦，这是你的香蕉！"

你注意到了吗？孩子做的一个小动作让你说了很多很多话。儿童打手势是在邀请你与他互动，他也会通过手势回应你，鼓励你继续讲话。打手势更多的孩子学语言更快，一个重要的原因是他们听的话更多。

# 让手势的含义明确

说了这么多，作为未来的小书怪的父母，你现在应该怎么做呢？你也打手势就对了！

当你让孩子听到他需要听的语言时，也别忘了让你的手也动起来。手势多的父母往往会培养出学习语言更快的孩子，这不仅是因为孩子会学着更经常地打手势，也因为父母的手势可以帮他确认词语的含义。想一想学习词语这件事。学习词语很难，因为一个词可能会表达无数种意思。当孩子听到你坐在饭桌旁说"杯子"的时候，这个词可能意味着你周围发生的一切事物。这个词可能指的是食物、吃饭的行为、桌子、叉子、在地板上想蹭一口剩饭的狗，或者当时的时间。但当你指向杯子、摆弄它，或者当你在提到它的时候打手势，你都会帮助孩子缩小"杯子"这个词的含义范围，帮他更容易地学习这个词。

所以除了用嘴，你也要用手沟通，这对你的孩子来说非常有帮助。

## 将读书变成一项全身运动

如果你觉得用手势不自然，或者你并不习惯在日常沟通时加入过多手势，你又该怎么办呢？别担心！你可以在朗读书中内容的时候这样做，这是一个很好的机会，让你可以在和小书怪的互动中加入更多促进语言发展的手势。毕竟，在朗读时你会吸引孩子的注意力，也会有一个特定的可以指向的物品（也就是书本）。以下是关于如何去做的简单提示：

## 突出插图的作用

孩子在学习阅读的过程中会了解到图片的概念——也就是说，书中的图片只是具体事物的符号或表征，而不是事物本身。如果你曾经看到过一个小孩子轻抚图片里的小狗，或者用舌头舔图片上的冰激凌，你就会发现，孩子会试着通过亲身经历弄明白这件事。我们家最小的小书怪也曾经历过这样一个可爱的时期，她会对书中的每一张图片打招呼。即使到了学龄前阶段，孩子也会对插图产生误解，例如会认为印有雪糕的图片摸上去是凉的。完全不用担心，这种行为是很正常的，你的孩子自然会慢慢地明白图片只是一种符号。但在这之前，你也可以用手势唤起孩子对插图的注意。这会促进孩子对故事的理解，帮助他理解你读的词语的含义，并向他解释图片与文本的关系。例如，当我们阅读绘本《我要打个盹儿！》，读出主人公佩吉或杰拉尔德的对话时，我们可以简单地用手指向书中两个人物的图片，这可以帮助孩子理解他所看到的人物与你讲述的话语之间的关系。

## 用手指着文本

有研究分析了儿童在阅读过程中的行为，并发现如果没有指导，孩子很少会将注意力放在书里的文字上。这说明，如果你不鼓励小书怪看向那些字词，他可能会全部漏掉不看。让孩子看文字的一个简单方法就是偶尔将你的手指放在你正在读的文本下方。这会帮你的孩子学到很多与书籍相关的重要基本常识，例如书中的文字就是你正在讲的故事、人们总是按照同样的方向进行阅读——在英语书中，人们从左到右按行阅读；在竖排的日文书中，人们从上到下按列阅读。

### 给动词增加手势

动词对孩子们来说是很难理解的，因为它们既不能触碰，也无法永远存在。例如，理解"跳绳"很简单，因为我们可以看到或者指向一根跳绳，但是"跳跃"却只有在你做跳跃动作的那个瞬间才会出现。所以，当故事里出现动词时，你需要给孩子更多相关的体验，让他更好地理解动词的含义。例如，在阅读绘本《姜饼小人》时，你可以用生面团向孩子演示如何"和面"和"擀面"。每当姜饼小人讲话时，你都可以帮孩子把他的"小手"放在"小屁股"上——这将是你一整天中看到的最可爱的场景！

### 把歌曲表演出来

无论是在书中读到一段旋律，还是为了娱乐而唱歌，在歌曲中加入手势都会让歌曲变得更加有教育意义，也更好玩。你可以唱一些包含了特定动作的童谣，并把它演出来，例如《找朋友》<sup>①</sup>或者《小毛驴》。你也可以对一些经典童谣即兴发挥，例如我们就很喜欢在唱《丢手绢》这首歌的最后一句"快点快点捉住他"时追着孩子跑。你还可以自己编歌曲和手势，只要它们符合你家庭里当下的场景和心情就行。安珀的姐姐有一首自创的歌谣，叫《搅拌锅》，当她在搅拌意大利面、鸡汤，或者做其他菜时，她就会反复地哼唱这三个字。这很简单，但它会让下厨变得更有纪念意义（而且她的孩子们现在也完全明白锅是什么东西了）。

## ※　手势如何让宝宝在学会说话之前使用语言　※

你是不是希望自己能确切地知道年幼的孩子心里在想些什么？那些学会了"宝宝符号"的婴儿会告诉你答案！即使你的孩子还要很多个月之后才能说出第一个字，但他很有可能已经理解了你日常说的很多词语。通过教孩子用一些简单的手势对应一些词语，他就会开始向你展示他知道的东西。

我们正常谈话时的手势往往都是临时现编的，但宝宝符号不一样，手势永远表达一样的意思。例如，双手模仿挤牛

---

① 为方便中国读者阅读，经原作者审核同意，编辑对原著中针对英语读者的知识点或表述进行了本土化修改。后文中进行了本土化修改的内容不再单独添加注释。——编注

奶的手部动作可以用来表示"牛奶"，而反复地打开合拢一只手来表示嘴的动作可能代表着"鸭子"。你可以参考教育部发布的《国家通用手语常用词表》来使用标准化的符号。使用标准化的符号非常有用，如果你的孩子以后去的幼儿园也会使用这套符号，你就可以在家里也维持符号的一致了。如果你只是想要一种简单的方法来理解孩子，例如他是不是饿了、是不是需要换尿布，你也可以自己创造一套个性化的手势在家里使用。你使用什么样的手势并不那么重要，只要你一直用相同的手势代表某一个词语就行。如果你想开始使用宝宝符号，你可以在每次对孩子说这个词的时候都表演出选择好的动作，然后你的孩子自然就会明白，这个手势代表着这个词。

有的时候人们不愿意使用宝宝符号，因为他们认为如果孩子能够用手势进行沟通，他学习说话的动机就不会那么强了。但大量的研究已经发现事实正好相反。这正是小书怪喜欢宝宝符号的原因！宝宝符号能让孩子在尽可能早的阶段进行宝贵的语言练习，这会帮助他成长为自信的讲话者和超级厉害的阅读者！

# 第五章　给小书怪读书的正确时机

只有在全年最温暖的几个月，萤火虫才会在黄昏出现。考拉每天只有两小时是清醒活跃的，而布拉肯蝙蝠洞穴的织网蜘蛛曾经在三十年里都没有被人看到。如果想看见一些动物，你选择的时机必须是完美的。

然而，小书怪喜欢看书这件事十分普遍，你在每个春夏秋冬的早中晚时段都可能看到他在读书。所以，如果你想知道应该在什么时候给小书怪读书，那么答案是：事实上最佳的时间段并非只有一个，而是有非常多个。你可以在起床后马上给孩子读书吗？可以。睡觉之前读书可以吗？也没问题。每周七天里的每一个小时都给孩子读书可以吗？如果你的孩子愿意，而且你的嗓子撑得住，当然也可以。

经常和你的孩子一起阅读是很重要的，这可以使孩子在余生中都热爱阅读。所以现在就开始吧！

看来你还在继续读这本书，没有放下一切马上去给孩子读书。那么，我们猜你依然有一些关于"什么时候给小书怪读书"的问题。好吧。下面我们会回答一些经常被问到的问题，你可以在想看的时候随时看这部分内容。

## 我应该在孩子多大的时候开始给他读书呢？

开始给你的孩子读书永远不会太早。我们确实这样认为。有研究表明，孩子们在出生之前就能够回应并记住别人给他们读的书或唱的歌。等你们下次怀上孩子时，可以自己试一试。你可以在妊娠晚期给你的小书怪重复读一本你最喜欢的书。在孩子出生之后，也可以让他躺下来听故事。在读完一本新的、不熟悉的书之后，试着读那本他熟悉的、你最喜欢的书，看看你的孩子有什么不一样的反应。他可能会增加吸奶嘴的频率、有更多踢腿的动作，或者眼睛睁得更大，这些都在告诉你他记得这个故事！

你甚至可能在怀孕期间就感受到孩子的反应。我们就有过这样令人难以置信的经历。在安珀怀我们第一个孩子的时候，当她朗读自己最喜欢的书（萨姆·麦克布拉特尼所著的《猜猜我有多爱你》）时，她经常能感觉到宝宝在她的肚子里动来动去。这个很酷的小游戏也适用于歌曲。安迪过去经常给我们尚未出生的女儿唱歌，他甚至能影响妇产科的检查结果——只要他拉开嗓门唱上几句，宝宝的心率就会发生变化。

因为你的孩子一开始就准备好听你讲话了，所以你需要尽早开始给他读书。不要认为这像新年愿望一样，是未来才需要做的事情——我们都知道这些愿望最后都怎么样了，对吧？它们都被藏在布满蜘蛛网的地下室角落里吃灰了。但能促进你孩子发展的活动不应该是这个结果，也不可以是这样的结果。

## 我应该在孩子多大的时候停止给他读书呢？

永远不要停止。

这真的是全部答案，但对于想知道为什么的家长，以下是更多的信息。人们有时认为，当孩子开始自己读书之后，就没有必要再读给他听了。但是，分享阅读的过程可以给不同读写发展阶段的孩子带来一系列收获。包括：

1. **前阅读阶段**：儿童学习阅读的必要条件，例如书本有正反面之分、文本总是以相同的方向进行阅读，如何翻页、识别文字，以及很多其他看起来很微小的能力。这些组成了阅读的基础。

2. **初始阅读阶段**：儿童以"语音编码"（即字是与我们说话时发出的特定声音对应的符号）的方式发展技能，并开始将不同声音混合在一起，读出最初的一些词语。

3. **确认流畅性**：儿童能够以一种受控制的、自发的方式阅读，并以合适的速度、准确性和表情阅读。

4. **通过阅读学到新知识**：儿童擅长用新获得的阅读技巧来学习其他知识，例如科学、社会研究，甚至数学方面的知识。

5. **多元视角**：孩子通常在青少年时期会学到文本的更复杂的使用方式，尤其是那些可以用不同视角去理解的文本。例如，他会开始理解不同叙述者对同一历史事件的看法可能很不一样。

6. **构建和重新构建**：这一阶段可能会持续到成年，在这个过程中，读者会对文本有更多批判性思维，对他选择阅读的材料形成细致的理解，并分析笔者的观点与自己观点的差异。

当你给小书怪读书时，你可以在这些与书本相关的课程中充当向导。当他给你朗读时，你也可以知道他到底学得怎么样。

持续给孩子读书很重要，因为这能帮助孩子避免教育家们称为"四年级阅读倦怠期"的可怕情况。所谓的"四年级阅读倦怠期"是在孩子三四年级之间可能出现的情况，在这个时期学生们被期望从"学习阅读"转变为"通过阅读来学习"的状态。你发现这两者之间的微妙差异了吗？在四年级之前，孩子接受的最主要的课程之一就是学习如何阅读的课程。到了四年级左右时，他们在这方面学得差不多了，老师们也不会再花时间解释如何阅读了。此外，从这时开始，不仅是语文课，几乎每一门课都要求学生阅读越来越复杂的和令孩子感到陌生的词语以理解课上所讲的内容。这就意味着，那些缺乏良好阅读能力的孩子的成绩可能会下滑得很快。

但是，一件很疯狂的事是，很多家长碰巧也在孩子四年级的时候不再给他读书了。你刚刚停止了这项全家一起阅读的惯例，孩子就出现了阅读倦怠。你认为这仅仅是一个巧合吗？我们可不这么认为。这就是即使你的孩子已经能独立阅读了，我们仍然建议你继续给孩子读书的原因。这样做能帮助你识别孩子可能遇到的困难，让你能持续帮助他们发展阅读能力。

## 睡前时间是读书的最好时间吗？

我们明白你为什么会有这样的疑虑。如今，大量儿童读物都以主角睡觉作为结尾，例如《当我们在一起的时候》《我爱你，爸爸》《伯特与厄尼的第一本反义词书》。例子还有很多，我们相信如果一直列下去，整本书的篇幅都会用完。不相信吗？去看看你家里到处都是的童书，你就会明白我的意思了。我们没有做过统计，但是我们很确定，以睡觉为结尾的书和以所有人醒着为结尾的书的比例为97∶1左右。

此外，也有研究认为睡前看书是有益的。专家们一致推荐父母与孩子使用一套稳定的睡前惯例，即在晚上睡觉之前按照相同的顺序完成一系列相同的行为（例如洗澡、刷牙、唱歌、读书）。这样做的家庭在很多方面都生活得更好，包括孩子的睡眠更好（持续整晚的睡眠更常出现、梦游的次数更少）、父母的情绪更好（这一点不言而喻）。研究者们还进一步检验了在惯例之中增加一项读写活动（例如唱一首歌、读一本书或者讲个故事）的重要性，发现读写活动与孩子的睡眠质量和语言测试得分提升相关。

所以，虽然在睡前增加一些语言活动是个好主意，但这种活动没必要一定是读书。我们比较喜欢混搭，即讲"我们头脑里的故事"，也就是讲一些关于我们小时候的经历的自传体记忆，或者完全幻想的、虚构的故事。有时候我们甚至不说我们讲的是哪种类型的故事，让孩子们试着弄清楚这些故事是不是我们的亲身经历。例如，让孩子们想一想，当我们像他们这么大时，我们是不是真的有一次放屁时把裤子都崩开了。

我们知道，童书作者们写了很多具有能够引起睡意的结尾的书，他们是希望帮家长让孩子入睡。但是这类书已经够多了。现在家长已经开始认为他们只能在睡前读书。事实并非如此。只在睡前讲故事实际上会限制孩子读写能力的发展，因为这可能会让孩子把阅读和睡觉联系在一起（这对未来的学校学习生活可能是灾难性的）。此外，当你不再哄他睡觉时，他可能会完全丢掉读书的习惯。

你想要回避这些可能出现的问题吗？那么请抵制在睡觉前读书的阅读趋势，确保从早到晚都与你的孩子分享书本和故事。以下是我们最喜欢的一些时段：

◎　在去公园远足时。在孩子到处跑和吃零食的间隙进行阅读。

◎　在孩子洗完澡之后还包裹在一条舒适的毛巾里时。这时他还没有准备好进行穿睡衣—梳头—刷牙的流程。

◎ 在医院的等待区域，或者在任何地方等待任何事情时。

◎ 在咖啡店里时。对所有人来说，坐下喝一杯饮品再读读书都是一件容易又有趣的活动。

◎ 在车里时。你可以用听有声读物代替读传统的纸质书。

◎ 在早餐前那段昏昏欲睡的时间里。相比于起床，待在被窝里分享一本书更有吸引力。

◎ 任何你想要一个拥抱的时候，读书都可以当作完美的借口。

不论是让读书成为自发的活动还是把读书设定成一套流程中的一环，请你尝试把读书融入一天的活动当中，但请保持灵活。有时候你的日常时间不合适，这也没关系。如果你真的想要一起阅读，而且对完成的方式保持创造性，你肯定能找到很多不同的方法和时间读几页书。

## 学期内我的孩子有家庭作业，
## 我能跳过朗读这一步吗？

花时间朗读在全年都很重要，并且能够极大地促进孩子在学校听课和学习的能力。想想看，当你的孩子倾听并和你讨论书中内容的时候，他也同时在发展以下能够帮助他在教室里获得成功的强大能力：

- ◎　倾听
- ◎　集中注意力
- ◎　安静地坐着
- ◎　理解语音信息
- ◎　理解字词和文本

因为做作业（或者其他任意类型的工作）需要孩子花费巨大的精力让自己安静下来、坐直，并在很长一段时间内持续使用大脑，所以孩子练习得越多越好。很多小学老师从一开始就会布置阅读作业，其原因部分就是阅读具有这些益处。

持续与孩子一起读书可以让他有机会体验不同于自己读书的乐趣。与其他人分享和讨论一本书可以让孩子打开眼界，了解到他自己想不到的观点。（如果你曾经是读书俱乐部的一员，或者曾与一个和你喜欢同一本书的人深入交谈，你自己可能也有类似的体验。）一起朗读将一项往往是独自进行的活动转变为社会性活动，对于开启谈话和维持联结来说是一个令人惊喜的跳板。当人们想要花些高质量时间陪伴孩子时，花时间朗读绝对是值得的。

艾丽斯·奥兹玛的著作《阅读的承诺：我的父亲与我分享过的书》讲述了一个很惊人的故事。作者在四年级的时候和父亲制订了一个计划：连续100天一起朗读图书。他们最后爱上了这个活动，并将这一传统一直保持下来，直到她上大学。这一对父女创造了很多一起阅读的难忘回忆，最后她为此写了一本书。你能想象这有多棒吗？——当你把自己的孩子送进大学时，他的心里满是你们在一起阅读时的愉快回忆。

## 暑期就是要放松，我能跳过阅读活动吗？

读到这里，我们相信你可能已经知道我们会怎么回答了，但我们还是要说——不行。

暑期其实是一年中最重要的阅读时段。几十年来，研究者们已经发现了"夏天阅读阻碍"或者"夏天学习效应"，这是指儿童阅读过程的普遍季节性模式。这一效应是指，各个阅读水平的学生都会在学年中获得重要进步，但是经过暑期之后，阅读得分高和得分低的孩子的表现会出现戏剧性的差别。那些读写能力本来就比较强的孩子往往会继续获得进步，即使没有去上学也获得了阅读知识和取得更高标准化测试得分的潜力。但是，读写能力较差的孩子往往会原地踏步，难以在暑期获得任何阅读进步。

就小书怪的世界而言，这说明小书怪会在暑期继续疯狂看书、获得惊人的技能，并把他的普通人类朋友甩得越来越远。你在家里要做的很重要的一件事就是鼓励你的孩子热爱读书、练习读书——尤其是在学校放假的时候。

# 我每天应该花多少时间读书？

你每天需要花多少分钟给孩子读书？这个问题并没有一个明确答案。当你开始享受书籍和阅读的快乐时，你就会发现阅读的时长会随着时间推移自然发生变化。例如，某一天你可能想沉浸在书本中，花整个下午的时间来阅读，而其他日子里你可能就只想用零碎的时间简单读一个故事。

我们建议你根据乐趣而不是固定的时间来设定目标，请试着根据你和你的孩子可以坚持的时间进行阅读。并且，我们向你提出请求：请你永远不要为阅读活动定时。我们之前听说有人提出过为阅读定时的建议，当时我们几乎都要惊叫起来。如果设定闹钟，从根本上来说你就是在训练孩子把阅读当作任务，而闹铃则是他期待已久的甜蜜的自由之声。维持读写能力的关键是让你的孩子热爱阅读，所以定闹钟绝对是错误的方法。不要定闹钟，不要用贴纸和其他奖励贿赂你的孩子，也不要做一些让阅读行为本身变得没那么有趣的事情。

你要做的仅仅是让阅读成为每一天平常的、有趣的部分。在什么时候读、读多久都没有关系。

# 第六章　给小书怪读书的正确方法

当一个训狮者正确地完成自己的工作时，听众会发出"啊"的声音；而当他犯了错误时，观众会说"天啊，好多血！"，以及"啊，快逃命吧！我们本以为这只狮子是已经被驯服的，没想到它依然充满野性，而且向我们跑来了！"。

给你的小书怪读书的工作完全不像训练狮子那么危险，但确保你使用了正确的方法却和上述工作一样重要。

你可能会问，这怎么可能呢？读书又不是生死攸关的事情，对吗？确实，你不会因为故事讲得很烂而被丛林之王咬断头颅，但你读书的表现太差可能会扼杀孩子对书籍的热爱。这是会持续他一生的悲剧。

为了确保不发生这样的事情，我们先要确保自己能够识别给孩子阅读的错误方式。如果你的目标是给给你的孩子灌输一生热爱阅读的想法，那么错误的阅读方式确实是存在的。即使你和你的孩子身边有一堆被认为"从古至今写得最好"的书，它们从地上堆到了天花板，然后你每一天都把这些书的每一页里的每一个字读一遍，你也没法这样养育出一个小书怪。有研究发现，想要提高儿童的读写技能，不能仅仅依靠经常读书。如何阅读与读书的内容和频率一样重要。

所以，看在老天的份上，请不要像读邮件、新闻文章，或者浏览软件升级时弹出的用户协议一样，试着把给孩子读书这件事变得迅速和高效。想要成功地让孩子沉浸在书中，你需要的不仅仅是简单地一页一页不停地朗诵内容。为了让他真的听到、看见、感受到整个故事，你往往还需要谈论书本之外的东西。你也需要让你的孩子说一些话。

## 阅读是一场对话

很多大人在给孩子读书时犯的最大错误是什么呢？那就是觉得只有自己需要说话。确实，你可能是整个房间里唯一真正知道如何读书的人，你的工作就是确保自己读出书页中的所有文字。但当你帮助孩子超越文本本身时，他的受益是最大的。例如，你可以把故事和孩子的生活联系起来、教他不熟悉的概念、给他解释较难的段落，并鼓励他对你读的内容形成自己的想法和感受。让这些很棒的事情发生的唯一方式就是：你在读书的过程中偶尔停下来的时候，开始与你的小书怪闲聊！

这就是为什么我们说一起读书不应该像演讲，而应该像一场谈话。如果你曾感受到自己在唱独角戏，请把读书变成对话的形式。换句话说，你需要与孩子一起读书，而不是你给他读书。当你掌握了这个简单的策略，读书就变得不仅更具有教育意义，也更加有趣。

在我们的小女儿2岁多的时候，她就向我们展示了她已经知道这个观点。她最喜欢的一本书是《棕熊，棕熊，你看到了什么？》。在我们给她读了这本书很多遍之后，她已经完全记下了书中的内容，决定给我们讲这个故事。她骄傲地翻阅着书页，确信自己可以逐字复述出整本书的内容。当她讲到"白狗正在看我"的部分时，她停了下来，简单地谈了谈"我们家有一只猫，但没有狗"这件事，之后才继续按照书里的内容讲述剩下的部分。即使在这么小的年纪，她也知道停下来讨论书本里的内容会更好。请放心，如果这么小的孩子都知道如何把读书转变为对话，那你也知道！

还有很酷的一点是，用这种方式进行阅读可以让你与孩子一起学习。在这个过程中，孩子会学到关于拼写、词汇、语法的知识和你所读的书的内容，你也会了解更多关于孩子的事情，例如他对什么感兴趣、有什么独特的思考方式。给我们自己的小孩读书让我们发现了我们的大女儿喜欢冒险，所以她经常会选择一些关于魔法和旅行，以及小孩做起来意义重大、大人们才做的事情的书。可能正是因为这个，她才会热爱读又大又厚、充满超出她所在年级水平的词语的书。我们的儿子是文字游戏迷，很喜欢韵律、编造的词，以及不寻常的诗。这也是他非常喜欢《好心眼儿巨人》的原因，他就是看不够巨人说的那些有意思的话和别具一格的语言。我们的小女儿很喜欢复述她最喜欢的故事。我们的房子里到处是书，她却让我们把同一本书读了一遍又一遍（所以，她能在很小的时候就记住这本书的内容也就不足为奇了）。

用一起读书的方式了解与你的孩子有关的事情对你会有很多好处。首先，这会让阅读变得对你们来说都有趣，不会像是一份苦差事。其次，你也会更擅于选择符合孩子兴趣的故事，这将有助于建立你们对会在未来一起阅读的书的兴奋感。同时，一起读书也是更好地互相了解的办法——分享想法、想出一些你们之间才懂的笑话，然后一起笑破肚皮，收获难忘终生的回忆。

你可以看看下面列出的对话开场白，它会帮你和你的孩子弄清楚每本书的主要内容。你读书的时候可以把它们记在心里，在遇到任何看起来与故事有关或者对你和孩子来说很有趣的事情时都可以使用。下面的一般性主题适合用来与所有年龄段和阅读水平的孩子进行交流，但你可能要对它们进行调整以适应你家孩子的理解水平和个人兴趣。你可以根据自己的喜好任意组合使用这些开场白，一定要永远跟着乐趣走！

# 指向图片

如果你正读的书中有插图，你的孩子就自然有很多可看的东西。在翻下一页之前，请确保你给了小书怪足够多的时间查看他想看的所有细节。当你们读没有字或者字很少的绘本时（例如迷人的、充满舞蹈的书《弗洛拉和火烈鸟》，以及插图丰富的"我的大大情景认知绘本"系列图书），这一点尤其重要。为了帮助孩子把书中的图片和文字联系起来，你可以在读书的时候经常用手指着对应的插图。例如：

◎　"你喜欢绿色的鸡蛋和火腿吗？"（你可以在指向插图中绿色的鸡蛋和火腿时这样说。）

◎　"一片树叶上有一只卵"（这时你可以指向书中画得很抽象的一个小点。你的孩子可能还不知道这就是虫卵，而且它很快就会变成一只饥饿的毛毛虫。）

◎　"沃尔多在哪里？"（这时你可以指向有很多与沃尔多穿同样衣服的人的图片。）

# 指向文字

当你在读书时指着书中的词语时，即使是很小的孩子也会立刻意识到，这些难以理解的曲线和形状有特殊之处。当你第一次坐下来，并告诉孩子你们即将一起读的某一本书的名字时，你可以指向封面的标题。之后，让你的手指随着你读的内容划过文字。如果书中的某一角色在故事里大喊大叫，你可以更加用力地用手指每一个字，以示强调。

你也可以用更加外显的方式讨论文字，例如把它们指出来，说一说它的发音。如果词语被画成了插图，那是最简单的（也最有趣！）。例如，《弗朗西斯的面包和果酱》一书中有一些果酱的插图，边上写着"果酱"这个词。你可以指向图中的果酱，问问你的孩子它是什么。不管你的孩子有没有说对，你都可以再花点时间进行强化，你可以说，"'果'这个字读作'g-u-o'，'酱'这个字读作'j-i-a-n-g'"。然后你可以把"g-u-o"和"j-i-a-n-g"的发音连在一起，越来越快地发出两个字的音，直到最后读出"果酱"这个词。如果你愿意，你可以继续这段谈话，问问孩子知不知道还有什么词和"果酱"押韵，或者也以"果"开头。你也可以问问你能想到的其他与文字相关的问题。

不管什么时候，当你看到一页书上有词语重复，把它指出来，例如《忙忙碌碌的小镇》。有研究表明，比较是促进孩子学习的一个相当有效的方法，比较同一个词的两个例子能帮助孩子意识到字的排列顺序是了解词语含义的重要线索。

你可以问这些问题：

◎ 这个词是"狗"。你能发现这一页还有哪里写了"狗"吗？

◎ "家庭"是以"家"开头的词语,你能想到另一个以"家"开头的词语吗?

◎ "高兴"和"高楼"两个词有什么相似之处?

## 解释新词语和不熟悉的内容

学习新词对小书怪的一生都十分重要。学习新词可以帮助他在早期积累大量词汇,让学习阅读变得更容易,让他在考试的词汇部分获得好成绩,也能让他在堵车时大喊大叫的词语更有创造性。

从与你一起读的书中,孩子会自然地学到很多新的词语,而且随着年纪越来越大,他用内容线索推断陌生词语含义的能力就会越来越强。你也可以直接告诉他新词的含义,这也对他很有帮助。当你们遇到一个孩子并不熟悉的或让人眼前一亮的有趣词语,你就可以花点时间解释一下它的含义,或者引导你的孩子把它弄清楚。

陌生的场景和谚语也是如此。童书中往往有很多你的孩子从没去过的场景(例如,在《公主小姐》一书中,公主要分别去屠夫、面包师那里和蔬菜水果商店买食物)和从没听说过的日常用语。在阅读过程中,你可以试着从孩子的视角看这本书,可以想一想他可能会对什么感到困惑,并与他讨论。下面是一些你可能用到的话题:

◎ 这是一个有趣的词。你能通过这句话弄清楚它是什么意思吗?

◎ 快来看！这只小山羊被称为"小孩子"，和你一样！

◎ 你听说过美国的波士顿这个地方吗？很久之前那里发生过一个很重要的历史事件，要记住哦！

不用担心停顿会毁掉读书的势头，或者让故事变得乏味，事实上，这样做反而会加深孩子对文本的理解并增加他感受到的乐趣。当我们家最大的小书怪上三年级的时候，安珀在与她一起读《我是淘气女生：向男生帮宣战》时，曾停下来解释一个生僻单词的意思。又读了几页之后，我们的大女儿抬起头，微笑着感谢妈妈花时间给她解释词语。这很酷，对吧！孩子确实感激我们努力帮助他更好地理解故事。

## 教孩子一些具体的东西

你是否希望孩子学习什么特定的内容？不管是物体的形状、颜色、数量，还是韵律或者隐喻，你在书本中都能找到很多可以讨论的例子。事实上，很多童书都是以此为目的撰写的。

当你教一些新东西的时候，请永远试着让谈话内容稍微超出孩子已经知道的范围。经常阅读能帮你做到这一点，因为你与孩子频繁的对话会让你充分了解他目前理解的内容。以下是一些问题的举例：

◎　你能在图中找到一个正方形吗？

◎　之前有十只蝴蝶，现在有一只飞走了，还剩下多少蝴蝶呢？

◎　你觉得成语"高山流水"的意思就是"很高的山上会有水流下来"吗？让我们试着想一想有没有其他实际含义与字面意思不一致的成语吧！

# 像在工作中一样问问题

假设你是一个专业的新闻记者，要问著名的"五W"问题，即"是谁、是什么、什么时候、在哪里、为什么"〔即Who、What、When、Where和Why，你真的询问时可能还会再加一个"怎么做"（How）〕。这些问题会帮助新闻记者写出完整的故事，同时，因为这些都是开放式问题，并没有一个简单的"是"或"否"的答案，所以这些问题同样适用于帮你理解小书怪口中含糊不清的话。你可以尝试下面的问题：

◎　你最喜欢的角色是谁？

◎　这个故事最让你惊讶的一点是什么？

◎　你是什么时候第一次对犯罪者产生了怀疑？

◎　故事发生在哪里？

◎　你觉得这个角色为什么要这么做？

◎　这个角色是怎么知道这件事的？

在对话中持续向孩子询问更多的信息，或者分享你对这些事情的看法。当然，特别小的小书怪还没有足够的语言能力进行复杂的轮流式对话，这完全没问题。最开始主要是你在讲话，但在不知不觉中，你的孩子就会越来越多地参与到讨论中来。

# 进入角色的大脑

作为成年人，你很擅长通过言外之意理解故事，但是小书怪却需要花几年时间大量练习阅读才能形成这一能力。书中的很多方面对你来说可能很容易理解，例如书中角色的感受和动机，但小书怪可能完全没有注意到这些。

去看几本童书，你会发现书中的文字并没有表达出故事的全部。你需要推测角色是如何思考的，以理解他们为什么以这样的方式行事。例如，《吵闹的诺拉》一书描述了一个老鼠家庭。在这本书中，鼠爸爸与最大的孩子玩，鼠妈妈照顾最小的孩子。这个家里中间的女儿叫诺拉，她非常吵闹。像你一样有经验的成年读者能够理解为什么诺拉这么吵闹，这当然是因为她想要得到关注，但是书中并没有明说。所以，当你读书的时候，请试着注意那些文本中没有包含的信息，你的小书怪可能并没有理解这些信息。注意到这些信息后你们可以对此进行讨论，你可以问下列问题：

◎　你觉得这个角色有什么感觉？

◎　如果这件事发生在你身上，你会觉得开心（难过）吗？

◎　这个角色想要什么？为什么他得不到呢？

## 戴上角色的面具

　　书中会有很多描述有趣的面部表情和姿态的词语，例如耸肩、喘气、扮鬼脸、咧嘴笑、点头等。当你在故事中看到这些词语时，试着和你的孩子扮演出来！这样做有很多好处。首先，这本身就很有趣。真的，我们想不到更好的方式给一起读书这件事带来更多戏剧性、面部表情，以及让人"咯咯"笑的乐趣了。其次，这样做能帮助孩子在以后碰到这些词语的时候理解它们的含义。最后，表演出面部表情和姿态能提升孩子对故事内容的理解力和对故事角色的共情力。安珀是一个成年人，但即使到现在，她也经常在读小说时耸肩、扮鬼脸，或者与书中的角色有一致的表现。你知道吗？这样做依然能帮她理解故事！你可以尝试问以下问题：

◎　你记得"屈膝礼"是什么意思吗？

◎　噢，这个角色在咧嘴笑，这意味着她很开心还是很难过呢？

◎　你能给我表演一个表示极度厌恶的表情吗？（另外，请不要在饭桌上用这个表情。）

# 带着情绪阅读

请记住你要让孩子从书本中感到乐趣。如果你想让他像喜欢满是动画的屏幕（这些东西正在与书本争夺孩子的注意力）一样喜欢阅读，你得好好表演一下。所以请疯起来吧：

◎ 带着表情阅读。

◎ 充分利用戏剧性的停顿以捕捉精彩瞬间。

◎ 试着用不同的声音给不同角色配音。

现在去做这些事情吧，趁你的孩子还很小，还意识不到你在这样做时到底多么尴尬。

# 谈论故事结构

无论是童书、一部动作大片，还是在饮水机旁边听到的八卦，好的故事永远包含相同的核心要素：背景、角色、情节、冲突，以及结局。理解这些要素能帮助你的孩子理解故事、在语文考试中拿高分，也能让他学会如何自己讲故事。在你们一起读的故事中，你可以通过讨论以下问题进行练习：

◎ 如果故事发生在别处会是怎么样的呢？

◎ 这个角色有没有让你想起你认识的人？

◎ 故事中往往有一个很大的问题。这个故事中的问题是什么呢？

◎ 你觉得书中的角色会如何解决这个问题呢？让我们继续往下读，来看看你说得对不对！

## 思考故事的寓意

大多数童书中包含了一个道理或者道德准则，但是这些对你的孩子来说可能并不明显。你们可以谈谈每个人的想法：故事要传达的道理可能是什么呢？这个道理可以如何应用到你们的生活当中呢？这样做真的可以促进孩子的理解能力。你可以问：

◎ 你觉得这个故事教给我们什么道理呢？

◎ 我们读的这本书里提到了一个问题，你曾经有过类似的经历吗？

◎ 你觉得我们可以怎么将这个道理用在自己的生活中？

## 讨论家庭价值观

书里的角色并非都是好人，他们有时候也会做一些淘气的事情。即使有些故事传达了很棒的道理，但看到道理之前，你经常得先读到很多不好的行为。例如，《贝贝熊——女孩靠边》一书最后的结局是所有人在一起玩耍，但是在此之前你会读到一些关于性别刻板印象和小孩受到排挤的内容。

请记住，你的孩子不仅会学习书中解决问题的良好方式，也会学习一些不太好的东西。所以，在你读到不好的行为时，你不要忽略它，而是用它来强化你们家里的价值观和期望。你可以问一些开放性的问题，说一说你是否赞成角色这样做，以及如果是你是书中的角色，你可能会怎么做。你可以问：

◎ 你觉得这些角色很好地解决了问题吗？你觉得他们应该怎么做呢？

◎ 噢，打人是不行的，对吗？

◎ 如果你是这个角色，你会尝试做些什么来解决问题呢？

## 将故事与你自己的生活联系起来

无论你在学习什么，与自身经历相结合会让你记得更牢。把故事中的内容与真实生活中的事情联系起来会让孩子有更多收获，或者使他从书里获得启发，创造全新的生活经验！以下是一些问题举例：

◎ 这个角色在动物园。你还记得你去动物园的时候发生了什么吗？

◎ 这个故事发生在南极。你能帮我在地球仪上找到这里吗？

◎ 看了这本书，我感觉滑雪挺有意思的。我们什么时候去滑一次
　　雪怎么样？

## 让你的孩子"填个空"

有一个简单的方法可以提高孩子在故事中的参与度，那就是让
他读一些内容！你的孩子听一本书几遍之后很有可能就会记住一
些内容。你可以测试一下，读一句话的时候漏掉最后一部分内容，
例如"小白兔，白又白，两只耳朵……"。

……你的孩子有没有补充"竖起来"？

另一个有趣的填空策略是询问孩子他认为之后会发生什么。
无论他的预测很平常还是很狂野，都没关系。例如，在《乔伊想当
建筑师》一书中，你可能会猜测，乔伊会建造一座桥，拯救那些被困
在孤岛上的人们。但如果他有一艘电力驱动的小船，又会怎么样
呢？对这两种可能性的讨论会很有趣。请动用你的想象力，享受这
个过程，你可以问以下的问题：

◎ 你觉得后面会发生什么呢？

◎ 你觉得这个角色会有麻烦吗？

◎ 你觉得这个故事的结局是什么？

# 错误地"填空"

在养育小书怪的过程中，你经常需要朗读图书。所以，如果你觉得一遍又一遍地读同一本书有点无聊，可以试着偶尔读错一两个词。安迪在读孩子们很熟悉的书时就爱这么做，有时候会说错好几次书名之后再说对的书名，例如：

◎ "《猫在裙子里》。"（孩子们说："不对！"）

◎ "《狗在帽子里》。"（孩子们说："不对，不对！"）

◎ "《鹿在三件套里》。"（孩子们说："不对，不对，不对！"）

◎ "噢，我知道了。是《猫在帽子里》。"（孩子们说："对了。可以接着读了。"）

当你想逗逗孩子，同时也让自己开心一下的时候，你就可以试着说错书名，或者说错书中的任何地方。

## 分享你对故事的反应

与你的孩子讨论一本书时，你可以直接告诉孩子们你对这本书的看法。这显然是一种很有效的方法。每个人都喜欢这么做——这也是大人喜欢加入读书俱乐部的原因，对吧？（不过，这可能也与能花几个小时远离孩子，并喝一杯美味的葡萄酒有关。）

但谈论书籍确实是很有趣的，所以你下次分享故事的时候，可以给你的小阅读伙伴倒一杯牛奶，然后利用以下问题分享你的想法：

◎　你最喜欢这本书的哪个部分？

◎　你希望对书里的内容做一些改变吗？

◎　你觉得这本书的结局怎么样？

如果你在犹豫花在谈论和阅读上的时间应该各占多少比例，那你需要在一本又一本书的基础上进行体会。确定时间占比并没有特定的准则，有一些书比其他书需要停下来讨论更多次。在你阅读的时候，请判断孩子的兴趣水平。当你觉察到孩子对一些内容表现出特别的兴趣，或者你觉得有些内容很重要、吸引人眼球，你就可以停下来进行讨论。有一个很好的线索可以判断你是否需要停止阅读进行讨论或者停止讨论继续阅读，这个线索就是觉察自己是否享受当下的活动。如果阅读或谈话开始变得乏味，试着稍微调整一下它们的比例。随着把谈话纳入阅读变得越来越自然，这样做会越来越简单。

请记住，无论什么时候，你都需要保持读书的乐趣。乐趣越多，你就越有可能经常这样做。而且，经常阅读的孩子会变成强大的小书怪！

## ※  一次给多个小书怪读书  ※

在我们家，我们经常要同时给不止一个小书怪读书。你可能会觉得这很可怕。别害怕！无论你是给一个孩子读书，还是给整个教室里的孩子读书，你都可以使用本章介绍对话开场白。

给不同年龄段的儿童读书时，你可能会想要照顾到每个人不同的理解水平，希望每个人都参与到对话中。在读到十分困难的段落时，你可以问问小一点的孩子是否理解发生了什么，并允许大一点的孩子帮忙进行概括（如果他们愿意）。如果书中出现了孩子可能不熟悉的词语，你可以问问他是否知道这是什么意思。从最小的孩子开始问起，这样每个人都有机会回答。对于一些很难的词语，在我们解释它的含义之前，我们的孩子很喜欢进行猜测——这是一个很好的办法，可以帮助大一点的小书怪挑战自我，也鼓励很小的小书怪努力追赶。

一个规模稍大一点的读书小组也可以找到有趣的借口，让读书变得喧哗一些。在埃莉萨·克莱文写的《狮子和小红鸟》中，狮子把自己的尾巴当作画笔，在洞穴的墙上画出栩栩如生的画，一只小红鸟在一旁观看。读这本书时你可以邀请一群小书怪互动，让他们说出自己最喜欢的颜色，或者让他们扮演书中的角色。

不要担心你必须提前计划对话或调整读书会上阅读的内容以适应参与者的年龄。当你把与很多小书怪一起读书当作与他们互动和增强小组联结的有趣机会时，这件事就会自然而然地发生。请记住你要把所有人纳入活动，给孩子互相沟通以及与你沟通的空间。

# 第二部分

## 让你的小书怪舒适自在

当你有了孩子，你会给房子里装满各种设施，例如摇篮、尿布、插座盖，以及柔软的襁褓。同样，当你有了小书怪，你也会囤积各种让他感到舒适的东西。这就是接下来几章我要讲的内容，我们会向你展示如何创造一个理想的环境，让你的小书怪茁壮成长。我们会讲到在不同情况下可以采取的策略，例如在家里的时候、在外面的时候、你的孩子独处的时候、孩子与朋友在一起的时候，甚至是有玩具和电子屏幕争夺他的注意力的时候。通过以一种自然、有趣的方式把语言和读写活动编织进孩子的生活当中，小书怪会终日生活在读书的氛围中，变得热爱读书，同时在这个过程中学习和成长。

# 第七章　小书怪的引诱方法

　　小老鼠对奶酪感兴趣。浣熊很喜欢棉花糖。而对绵羊来说，牧羊人拿着又大又长的棍子打算把它们赶到哪里，它们就往哪里去。同样，藏在孩子身体里的小书怪也会被一些特定的诱饵吸引。你可以在周围尽可能多地放上各种诱人的小玩具，通过这种方式，你就会在不知不觉中引诱并捕捉到可爱的小书怪了！

# 书　籍

因为你的目标是把孩子培养成小书怪，所以你显然需要在家里放很多本书。但不要犯把所有的书都放在一个地方的错误。相反，你可以把这些书分散开来，存放在不同的地方，尤其是那些你的孩子常去或时常路过的地方，例如：

◎　孩子卧室的柜子上。

◎　游戏室的玩具箱旁边。

◎　走廊的壁橱里。

◎　客厅的小篮子里。

◎　卫生间里孩子的便盆旁边。

除了这些地方，把书放在其他任何地方对你的孩子来说也没问题。当你沿着小书怪的典型"迁徙路线"，把阅读材料放在容易看见、容易拿到的位置上时，他注定会中圈套，早晚会开始翻看它们。

## 可读的文字

在发展早期读写能力时，孩子的任何阅读都是好的阅读。为了确保书本内和书本外都有很多字词让你的孩子看到并进行思考，你可以在家里增加一些下面提到的东西：

◎ 可以用来搭建东西和拼写拼音或词语的字母块。

◎ 可以让孩子在学习字母的同时发展空间能力的字母拼图。

◎ 可以贴在冰箱门上的字母形状的磁铁。

◎ 贴了标签的箱子，用它来装东西，例如动物玩具、小弹珠、玩具火车轨道等，让你的家里井井有条。

◎ 一些充满文字的艺术作品，让它给你灵感（我们的客厅里挂着一幅画着自行车的画，上面写着"生活是一场美丽的旅行"，但如果写着"妈妈还需要来一杯酒"的画更符合你的风格，那也没问题！）。

# 写作材料

　　小书怪不仅喜欢阅读文本，也喜欢创作文本。所以，请随时准备好充足的文具，以备灵感降临时使用。你可以在家里设置一个艺术角，放好钢笔、铅笔、蜡笔、马克笔，当然还有很多很多的纸。带白板的画架对于玩学校游戏扮演以及让孩子尽情写字和修改写过的东西也很棒。如果你觉得可以更灵活一点，你甚至可以买一些特殊的涂料或墙纸，将家里的一面墙转变为一块真正的黑板！（请确保你的孩子理解他只能在这面墙上写字，而不是在所有墙上都能写字。）

# 榜　样

　　还有一个"诱饵"是小书怪无法抗拒的，那就是你！请记住，你给孩子树立的榜样对他具有重要的影响。请确保你们进行大量对话，让你的孩子听到丰富和多元的词语。经常给你的孩子读书，让阅读成为一种消遣。同时，你也要让孩子看到你自己在读大人看的书，让他知道读书永远是生命中的一个重要部分，即使他长到和你一样大的时候也一样！

# 第八章　小书怪的栖息环境

　　从喜马拉雅山顶的雪蚤到海洋黑暗之渊的狮子鱼,所有生命有机体都会寻找最适合自己的特定生存环境。小书怪也一样,舒适、安静、周围充满大量可以让他大快朵颐的阅读材料的地方对他来说是理想的生存环境。那么,这个可以让你的小书怪茁壮成长的奇妙地方是什么呢? 当然是图书馆!

　　在图书馆里,你可以坐在一堆书边上,探索无数的故事。无论对成人还是孩子,这都是一个为激发阅读兴趣而量身定做的地方。但是图书馆的大小各异,形态之多可能超出你的想象。以下是关于两类不同风格的图书馆(你的小书怪肯定会想要看看!)的一些对你有帮助的信息。

# 公共图书馆

一旦小书怪有了阅读品味，他对书籍的胃口就会越来越大，变得很难满足。这就是为什么公共图书馆是一个绝佳的场所——不管你的孩子看了多少本书，公共图书馆里总有更多的书。

所以不必惊讶，当地图书馆可能会成为你的孩子最喜欢的地方之一。

我们自己的孩子一直以来都是图书馆迷，但当他们开始在很多特殊的日子里选择图书馆作为他们的最想去的地方时，我们仍然很吃惊。例如，当一个新学期马上要来临的时候，我们曾问大女儿在暑假结束之前还有没有什么想做的事。请注意，我们在过去几个月已经做了一些很酷的事情，例如去游泳、在沙滩上玩耍、坐火车去博物馆，以及去远足、骑车。然而，她并没有要求再次参加这些令人激动的短途旅行，而是真诚地回应道："有一件事情我真的很想去做……我想去图书馆。"我们微笑着对这个十足的小可爱说："好的，我们再带你去一次。"几个月之后，我们儿子的生日来临。我们计划要在周末为他办一个生日聚会，但在他生日当天的那个工作日还没有做出安排。我们让他自己选择在这个特别的日子里做些什么，他回答说想去图书馆。

你可能会误认为我们的孩子是一对古怪父母的超级书呆子后代，但在此之前，请想一想我们的孩子为什么这么喜欢读书。记住，他们对阅读的热爱来自那些与我们窝在一起看书的开心回忆。我们和孩子们一起读故事，通过这种方式，我们把书籍与拥抱、沟通、笑声和爱联系在一起。当你这样想的时候，去图书馆选几本新的故事书一起读这件事在我们这些父母看来也会变得很诱人。

当你在培养小书怪的时候，我们建议你立刻去当地的图书馆看看。尽快把你的孩子带到图书馆，办一张借书卡，并且让自己习惯图书馆的风景——因为你将经常来到这里！以下是一些可以帮你充分利用图书馆的建议。

### 探索可能性

图书馆的儿童区包含了很多不同类型的书籍，包括硬皮书、图画书、长篇小说、绘本小说、纪实文学、有声读物、诗集、推理小说等。你们可以经常一起浏览各区的书籍，让孩子尝试阅读各种体裁和风格的文本。

### 让孩子做主

尽量不要限制你的孩子，或者要求他阅读任何特定主题、层级或类型的书籍。相反，你应该让他遵循自己的兴趣，选择自己想看的书。确实，这样一来，你拿回家的不会都是你选择的书籍，但你的孩子会特别兴奋。而且孩子对借阅的书越着迷，他之后就会越喜欢阅读它们。

### 但也请有一些"父母的选择"

你还记得自己还是个小孩的时候最喜欢的书和作者是谁吗？与你的孩子分享一下，你就会重新喜欢上它们！安珀很喜欢给孩子们介绍罗尔德·达尔精彩的经典系列小说，例如《詹姆斯和大仙桃》和《女巫》，安迪也很喜欢用丹尼尔·平克沃特笔下滑稽又奇怪的故事（例如《霍博肯鸡紧急事件》和《咆哮男孩和死亡鳄梨》）把孩子们逗笑。

### 尝试使用图书馆搜索引擎

向你的孩子展示用在线图书馆目录查阅书籍有多么简单。让孩子帮着打出要搜索的关键词，他看到蹦出来的结果时就会很激动。搜索某本书的标题、孩子喜欢的某个作者的其他书，或者搜一搜他喜欢的主题。你可以选择只呈现当前所在分馆里有的书籍，以缩小搜索范围（这是一个非常方便的技巧，以防你家附近的图书馆像我们这里的一样有很多分馆）。你们可以先在电脑屏幕上看到书，然后在书架上找到书本的实物，这个过程对孩子来说会非常有趣——它会强化孩子这样的一个想法：图书馆是一个不可思议的奇妙之地！

### 请图书管理员提供帮助

图书管理员在搜寻图书馆资源方面是绝对的专家，所以不要害怕请他们帮忙。我们的女儿经历过一个对医生特别着迷的漫长阶段。当时我们以为自己已经把图书馆里这个主题的书都读了个遍，但图书管理员还是像变魔术一样帮我们找到了更多的书，这让我们很吃惊。此外，每次我们开始对孩子进行如厕训练的时候，总是直接去咨询台，请图书管理员帮我们找到所有他们能找到的与如厕训练相关的书籍、录像或CD。还没等我们数到"2"，他们就把一堆阅读材料"扑通"一声放在了我们面前。

### 带上可重复使用的购物袋

我们从未见过哪个小书怪只看一本书，所以你肯定需要带一个袋子，把他选择的所有书都装进去。请确保你拿的袋子足够结实——童书可能看起来很小，但是一整袋书肯定还是很重的！

### 在图书馆读一些你选择的书

你可以把孩子选择的书分成两类，用这种方式帮你减少你要拖走的书的数量。你可以把这些书分成要借阅并带回家的书，以及在图书馆马上就读的书。孩子很喜欢能够立即在图书馆与你一起读书的即时满足感。

### 直接向图书管理员还书

我们知道，当你把书扔进图书馆巨大的书籍归还箱时，那种"嘭嘭嘭"的声音很有趣，所以你一定要时不时与孩子一起这样还书。但有时候如果你想还很多书，同时再去借一大堆新书，你可能需要换一种还书的方法。这是因为如果在你借新书之前，图书管理员还没有从还书箱中把你还的书取出来，电脑系统可能会认为你一下子借了太多的书，并显示你的借阅数量已经超出了上限。为了防止这一潜在"灾难"发生，你可以在走进图书馆的时候直接把书还给图书管理员。当你向他们解释你的小书怪很渴望再借更多书的时候，他们会很乐意提供帮助！

## 给孩子办一张借书卡

有时候多注册一个账户可能很麻烦、不值得。例如，如果你为了在买新抱枕时享受九折优惠而申请了一张信用卡，你可能突然之间就多出来一大堆单独的账单和还款日要处理。（而且，你的孩子也会在五分钟之内把抱枕弄坏。）但是孩子的图书卡账户是你绝对应该办理的。因为这样一来，你家就可以使用不止一张图书卡，从而一次性借更多的书了。此外，有时候这样做还会有一些预料不到的好处，例如儿童账户超期还书不收取逾期费用。更重要的是，孩子挥舞着自己的图书卡时，他的脸上无疑会挂着骄傲的神情。这种神情是无价的。

## 享受安静的下午

当我们的几个孩子长大一点，可以自己读书了，我们就意识到，去图书馆的一个巨大的好处就是我们可以获得几个小时的安静时间。当屋子里有几百本全新且干净的书吸引住孩子的注意力时，这就是最平静祥和的时刻，你就可以坐下、放轻松，甚至自己拿一本书看！

## 报名参加暑期阅读项目

许多图书馆会提供免费奖励，让孩子在暑假期间继续阅读。孩子会很喜欢追踪记录自己的阅读时间，然后赢得奖励，例如玩具、餐券，以及送给他的书。你也会喜欢这一巧妙的伪装，因为这个项目其实是为接下来的学年做准备的。

## 查看当地的图书馆提供的独特活动

现在的图书馆不仅会有传统的故事会活动，还会提供很多特殊项目和活动。以下是一些我们的孩子体验过并且喜欢的活动：在画布上画画、搭乐高积木、参与充满教育性的打击乐表演和喧闹的即兴演奏会（没错，就在图书馆举办的）、父亲节和母亲节的手工活动、电影放映会、作家座谈会，以及魔术表演。有一次图书馆甚至举办了一场"泰迪熊外宿活动"，孩子们先穿着睡衣给他们的毛绒玩具读书，然后在图书馆过夜。他们第二天早上回来时，我们发现他们拿着一个小相簿，里面的照片上都是他们前一天在外宿活动中做的事情：与毛绒玩具举办茶会、看电影、在睡袋里睡觉等。我们家这里的图书馆很棒，你家附近那个也一样，快去看看吧！

## ※　不停地尝试　※

如果你的图书馆之行并没有像我们描述的那样精彩，也别灰心。我们第一次带儿子去图书馆之后有好几个月，他对去图书馆读故事的提议都不感兴趣。我们以为可能他就是对此不感兴趣，所以我们就没有继续带他去。之后有一天，他的朋友请他去图书馆读故事。他们去的分馆碰巧与我们平时去的不同，带领他们的图书管理员也不同，结果我们的儿子超级喜欢这次经历。在错过了好几个月的图书馆之行以后，我们才发现，他其实是不喜欢第一次去图书馆时遇到的图书管理员。当我们的儿子知道了图书馆里还有其他人愿意用傻傻的声音给他读故事、帮他拿着图片，他变得超级爱去图书馆！所以无论是什么阻碍了你的小书怪去图书馆，这个阻碍可能都有办法解决。你只是需要找到原因！

## 家庭图书馆

如果你的孩子能够每天24小时生活在公共图书馆，他可能会很开心。你可能也很喜欢这样，但不幸的是，在法律上你有义务在图书馆关门时把孩子带回家。但这也没关系，尤其是如果你的家里也有很多美妙的书籍，孩子就会一直保持对文字的热爱。

全世界很多国家的研究都表明，无论孩子们生活在哪里、说什么语言，家里有大量的书籍对培养他们的阅读能力都至关重要。在这些研究中，研究者们统计了每个孩子家里有多少本书，并将其与他们四年级时的阅读分数进行比较。在每种文化背景下，研究都得到了一致的结果：家里有大量书籍（100本及以上）的孩子的阅读成绩也更好。

以下是家里有很多书如此重要的原因：

## 你可以与他人分享书籍

家里有随时可以取来阅读的书籍会使全家一起阅读这些书更加容易。而且你们一起读书花的时间越久，你的小书怪掌握的技能就会越多！

## 你的孩子能够独立探索书籍

当你把书留给孩子让他自己探索，这些书可能就会很快地成为他最喜欢的玩具。请确保孩子能轻易获取这些书——不要把它们放得太高、放在一个关着的柜子里，或者放在一个小书怪没法快速和经常到达的地方。

## 书籍向所有人展示阅读对家庭具有核心价值

家中放着很多书释放了一个很清晰的信号：阅读对你的家庭来说很重要。因为你的孩子很爱你，所以融入热爱阅读的家庭文化中对他来说是很值得骄傲的事情。

当我们告诉你，在家里放至少100本书是很重要的，你的脑海里是不是浮现出一个和小孩子差不多高的书架，并且里面装满了儿童故事书？这种想象听起来挺合理的，对吧？但有趣的是，书的类型其实并不重要。研究者们发现那些家里有任意100本书的孩子的阅读成绩更高——无论书籍的类型、长度、受众年龄如何。事实上，具有多样性是"家庭图书馆"追求的理想状态。当孩子们接触到涵盖不同主题、代表不同难度的各种书籍时，他们受益最多。家庭图书馆里有各种各样的图书以供选择有助于确保孩子总能找到他感兴趣的东西，并与他当前的以及不断提高的阅读技能相匹配。此外，家中有很多针对不同阅读水平的书籍也意味着每一位家庭成员都可以享受阅读。

别忘了在手头也为自己准备一些书，并记得阅读它们！让你的孩子看到你参考烹饪书做一份食谱、读一份用户指南来学习修吸尘器，或者简单地花时间享受阅读。

请考虑一下，如果你没有这样做，你可能会清楚地传达出什么有害的消息。如果你家里只有儿童的书，而且你自己从来不当一名阅读榜样，你的孩子就会逐渐认为只有小孩才需要读书。而且，既然年幼的孩子常常想尽快做一些大人做的事情，他可能很快就会吵着要丢掉书，去做那些他经常看你做的、感觉更加像大人的事情。请确保你自己尽可能多地收集书籍，并且经常翻看它们。

# 第九章　小书怪的阅读场所

　　鸟儿为了在冬天存活下来会飞往南方。鲑鱼会逆流而上去产卵。大象会季节性地迁徙以寻找食物。小书怪也一样，他会经常离开家，在你外出办事的时候跟着你、去公园玩、去上课、在饭店吃饭、看电影，以及参与其他各种各样有趣的事情。他不会像其他动物一样在旅途中面临同样的危险（除非你忘记锁住儿童座椅，同时转弯转得过快），但你可能仍然认为，一旦踏出天然的、充满书籍的栖息地，他就没有办法继续锻炼"阅读肌肉"。

　　请再想一想。

　　路标、广告牌、保险杠贴纸、商店橱窗、产品标签、价格标签、餐馆菜单、海报、收银台，甚至是公共卫生间墙上的涂鸦。一旦你睁开双眼开始寻找，你就会发现，你家的外面也有大量文字——而你找到的每一处文字都提供了一个令人激动的机会，让你的小书怪学习。你所要做的就是开启一场关于它的对话。

为什么除了书籍里的文字，与你的孩子讨论在不同地点看到的文字也是一个好办法呢？其中一个答案是它能给你的孩子提供额外的阅读练习，可以明显地帮助他提升阅读技能。但除此之外还有一个原因，这个原因可能会让你感到惊讶：你在越多的地方教孩子阅读，他就会越快学会阅读。

听起来有一点奇怪，对吧？但是这就像爵士乐一样，虽然有一点奇怪，不过人们一直在听。你看，学一样东西学得多好不仅仅取决于你学习了什么或怎么学习，也取决于你在哪里学习。大量科学家已经发现考试成绩与考试地点之间存在关联。具体来说，当人们在进行学习的地方接受测试，他们的成绩会更高。所以，如果你的经济学入门研讨课程整个学期都在202教室上，但是期末考试在303教室，那恭喜啦！你可以将此作为借口，向父母解释为什么你最后考得一塌糊涂。

儿童对学习环境似乎比成人还要敏感。在一项研究中，研究人员在桌子上放了很多自己做的物品，并教孩子这些物品的名字。所有孩子都在同一个房间学习这些物品的名字并接受测试，但在其中一半的孩子进行测试的时候，实验者换了一种不同的桌布。结果显示，那些在学习和测试时看到的桌布相同的孩子们表现得更好！

这一结果出现的原因很有趣（如果你对此感兴趣）。人们会同时体验所有的感觉，所以当我们听到一个教授谈论供求关系，或者一个研究者告诉我们桌子上那些奇怪毛球的名字时，我们无法将听觉体验与所有其他同时体验到的感觉分离——例如闻到特定教室的独特味道，或者看到那些毛球下面的桌布的样子。当进行测试的时候，处于相同的位置、闻到相同的味道或看到相同的事情能够提供额外的线索，帮你记起学过的东西。

那这些对你的小书怪来说有什么意义呢？只是日复一日地用同一块拼图上的字在家里教他并不能解决这个问题。确实，当你用同一块拼图与孩子进行讨论时，他会学得特别好，但如果你想在新的、看起来不同的情景下将他学到的内容扩展到新的、外观不同的字上，你就需要让他同时在熟悉的和不寻常的环境下学习。这意味着无论去哪里，你都要帮你的小书怪寻找文字！

# 在坐车时阅读

虽然你的孩子可能并不相信这一点，但确实曾经有一段时间，电子屏幕太大了，带不出家门，所以孩子们坐在车里时不得不给自己找点别的乐子。幸运的是，重新体验过去那些没有电子屏幕的美好时光很容易，同时你还可以教给孩子一些宝贵的读写知识。

## 玩文字游戏

有非常非常多有趣的游戏可以供你的家庭选择。以下是我们家最喜欢的三种游戏：

1. **找词游戏**：让每个人看向窗外，观察你们经过的路标、汽车和车牌，试着按照一定的规则找到符合条件的词。比如，找到所有包含数字的地名，例如五棵松、六里桥；找到所有带"山"字的地名，例如佛山市、黄山市。这个游戏很适合长途旅行，但短途出行时，你们也可以玩这个游戏——让孩子找找你们经过的每座桥或者每条路的名字有什么好玩之处。

2. **我看，你猜**：通常当你玩"我看"的角色时，你要试着告诉对方身边一个物品的颜色，让他猜物品是什么。例如，"我用我的小眼睛看到一个蓝色的东西"。你也可以直接把颜色换成物品名称的开头的字。例如，"我用我的小眼睛看到了一个'电'字开头的东西"，猜中的人可出下一题。

3. **行李单**: 我们的女儿在学校学到了这个有趣的考验记忆力的游戏,并把它教了给我们。一开始,一个人说"我要去露营,我要带……",然后加上想要带的东西,例如"帐篷"。第二个人重复第一个人说的话,并且在行李单上增加第二个东西。然后第三个人再增加第三个东西,以此类推。这个游戏可以根据你们的意愿一直进行下去,最后你们会得到一个有趣又很长的清单,例如:"我要去露营,我要带一顶帐篷、一只皮划艇、热狗、梳子、棉花糖、电话天线、一个'疯狂的猴人'玩具、一个装满全新的20元钞票的粗麻袋、芥末酱、浴缸、加湿器、除湿器、一大堆香蕉、一张特大号的水床、一双干净的袜子。"

## 听有声书

我们相信你已经完善了一个由孩子喜欢的歌曲组成的播放列表,每次你们一家人开车上路时都可以听到。你之前听的摇滚乐可能都会变成童谣。但如果你想换换口味,可以考虑在列表中加上一部有声童书或者播客。孩子即使在没有图片可以看的时候也喜欢听故事,而且听故事可以帮他增加词汇量、提升理解能力和将听到的故事转化成思维图像的能力。你可以在网上寻找免费的儿童播客,或者找一下你们当地图书馆的有声图书链接。

# 去商店时阅读

你是不是有这样的感觉，好像在大多数时间里，做父母就是在不断尝试完成没完没了的任务，而你身边哭泣抱怨的孩子还在拼命阻止你完成任务？如果你想培养一只小书怪，你最好改变一下对这件事的看法。试着不要将你的孩子看作延长你做家务时间的讨厌鬼，而是看作让做家务变得更有趣的聊天对象。这对提升他的语言技能很有帮助——对你的心态也很有好处。

## 一起写购物清单

提前做计划会让完成事务变得更加容易。你可以给孩子布置一些额外的写字练习，让他帮你记下你要去的几个地方和需要买的东西。他会很开心自己能协助你做这么重要的工作，而且他时不时拼错的词语也会逗你发笑。孩子甚至可能确实会帮你把活动安排得有条理一点。

## 让孩子参与其中

商店里充满了发展语言能力的机会，所以请确保你为小书怪指出了哪里有这种机会。在随意的交谈中，你可以给小书怪提供练习词汇（"柑橘是什么东西？"）、识别文字和数字（"让我们来看看能不能找到27号过道？"）、阅读（"当我们把物品放进购物车时，你可以把清单上的对应词语划掉。"）等的机会。另外，让你的孩子参与完成任务的过程本身可能就会暂时缓解他的无聊感，否则，他可能会无法避免地开始把东西从购物车扔出去，或者在商店里乱跑。

# 在餐馆吃饭时阅读

我们明白，光是想到要在一家好餐馆里让你家的"小野人"安静地吃一顿饭，你可能就会惊慌失措。但是请记住，小书怪们喜欢把精力投入阅读中，而且餐厅提供了很多这样做的机会。

## 阅读菜单

你可能很想自己浏览菜单，然后直接告诉孩子有哪些菜品可以选择。但如果你能在他面前拿着菜单，并在说菜品名字时指着对应的文字，你就会向他展示这样一个理念：能够自己阅读是有价值的。

## 也要阅读账单

如果你想让孩子知道你养他需要花多少钱，你可以这样做。

## 要一些蜡笔

我们得承认，你可能不会经常与家人一起去五星级餐厅。所以当服务员"扑通"一声把纸质的餐垫放在桌上时，你完全可以用它们画图写字，或者在等上菜的过程中和孩子玩一些有趣的游戏，例如"填字游戏"。

## 谈 话

请记住，与你的孩子谈话是帮他提高词汇技能的好方法。所以开始聊吧！（但请不要在嘴里塞满东西的时候讲话。）

# 在任何有标语的地方阅读

世界上的书面文字是很有力量的。它们能告诉我们一些简单的事情（例如哪扇门通往休息室），或者一些更复杂的概念（例如如何举止得体）。当我们和孩子在一起，并发现贴在标语上的规则时，我们会很开心，因为这会让我们当父母的稍微轻松一点。

我们第一次了解到这一点是在我们带着大女儿（当时她还只是一个蹒跚学步的小宝宝）去一家冰激凌店时。那家店有一个小小的篮球游戏区，篮球筐周围有一道栅栏，栅栏上有一块大牌子，上面写着"请勿攀爬或越过栅栏"。当然，那里的每个小孩都想爬上去，包括我们的孩子。事实也确实如此，直到我们指着那个标语并大声把上面写的字读给她听。当她意识到待在栅栏外面是一个很重要的规则，管理人员甚至为此专门设了一个标语时，她就不再哭哭啼啼，转而开始练习三分球。如果你想让你的孩子遵守规则，避免出现问题，你可以试着读一读标语！

# 任何地方都可以阅读

有一件事你一定要养成习惯：无论你走到哪里，都要带着书。书籍轻便、安静，也从不需要充电。它们可以让孩子忙上几个小时，而且将一直锻炼小书怪的大脑。

现在就做决定吧，让书籍成为你的家庭娱乐项目。在车座边上放一箱书，让你的孩子选几本带到饭店；塞几本在妈咪包里，让你可以在等候室、在公园野餐时，或者任何想看书的时候打开看看。你甚至可以为了阅读专门安排一场短途旅行。安珀最喜欢和孩子们一起去的地方就是咖啡店，每个人选一杯"特别的饮料"（孩子们选择无咖啡因的，安珀选择咖啡因加倍的饮料），然后坐下来边喝边一起看书。

# 第十章　小书怪的屏幕时间

　　在自然界中，动物需要保护自己的孩子，让它们远离各种各样危险的捕食者，例如熊、鳄鱼、蜘蛛、猫头鹰、鲨鱼、水虎鱼，以及舌蝇。小书怪的父母也需要为自己爱看书的孩子抵御威胁。而在今天，对于家里的小书怪来说最普遍、造成的威胁持续最久的"捕食者"就是带屏幕的东西。

　　现如今，人们的生活中到处都是电子屏幕。从电视机、电影院、笔记本电脑、平板电脑、电子阅读器、电话、手表、汽车、电子广告牌到飞机、出租车、加油站、餐馆、小卖部、游乐场，甚至冰箱、洗衣机、相框、玩具，所有东西和地方都有电子屏幕。还有很多其他东西可能在我写这本书的时候还没有屏幕，但当你读到这本书的时候已经安上了屏幕。每一块屏幕上都塞满了电子信息和充满视觉刺激的画面，吸引着孩子们的注意力。事实上，一项研究表明，孩子们在8岁之前的非上学时间里，盯着屏幕的时间比看书的时间多出近500%。

所以一般的孩子看电子屏幕的时间要远远超过看书。这是问题吗？如果是，问题有多严重呢？对于这一点，我们究竟可以怎么应对呢？

## 评估威胁

任何有智能手机的人都会告诉你，管理看电子屏幕的时间对成人来说也很困难。我们很容易陷入挪动鼠标和滑动屏幕的状态，甚至会忘记与周围的现实世界互动。这对我们来说是个很烦人的问题，而且对我们的孩子来说也绝对是至关重要的。成人的大脑已经充满了知识且具有批判性思维能力，但儿童的大脑还在发展当中。

幼儿的大脑比成年人的大脑活跃得多，因为它在不断建立新的神经连接，并为自己建立更高级的神经系统。日常经验会持续地影响这一过程，而且孩子接收的信息（无论是不是屏幕上的信息）最终都将塑造他的思考和行为方式。因为儿童在10岁之前的经历将会对他们的大脑产生持续的、改变一生的影响，所以尽量为孩子创造积极的体验是理所当然的。

花大量时间看屏幕通常不是孩子度过一天的方式中最有助于大脑发育的，理解这一点很重要。以下就是原因：

### 屏幕可能会干扰互动

你的孩子看屏幕的时间越多，他与你讲话的时间就越少。这确实很重要，因为孩子通过你们每天的交流来获得基本的词汇和语言能力，并借此成为成功的阅读者。说真的，每次你张开嘴、打手势、点头，或者简单地听听孩子在说些什么，基本都会给孩子带来读写能力的提升。

### 屏幕会降低深度思考的能力

多亏了智能手机这样基于屏幕的科技产物，人们能获取到比之前多得多的信息。我们每天都在不同的新闻文章、电子邮件、短信、社交媒体帖子、有趣的视频等媒介上阅读成千上万的文字。但人们在电子设备上阅读的方式与阅读纸上文字的方式有显著差异。在电子设备上，我们倾向于快速浏览文本，扫一眼加粗的标题和重点句，让目光在屏幕上来回快速浏览，而不是一行挨一行地专心阅读。这样的浏览方式让我们不太可能对信息进行有意义的思考，也不太可能牢记读过的东西。儿童也是如此，在手机上花太多时间会妨碍他们发挥密切关注、反思和批判性思考所接触媒体的能力，而这些都是成为好学生和好公民的必备技能。

### 屏幕会压制基本的大脑能力

接触过多的非教育性电视节目与较差的执行能力有关。执行能力是指一系列基本的认知技能，包括保持注意力、避免分心、灵活地思考、在相同问题上考虑多种视角、解决问题时记住大量信息，以及避免出现冲动行为的能力。执行能力基本上是让孩子能够静坐、倾听和学习所需要的全部能力，因此，从幼儿园开始，这一能力就在学业成就上起着重要作用。

### 屏幕无法像你想象的那样教导孩子

如果你觉得上述内容都与你无关，因为你只给孩子看"有教育意义的电视节目"，那我们可能真的要让你扫兴了。很多研究比较了在同一个房间里，儿童在从提前录制的电视节目里学习和从真人那里学习这两种情景下学习概念的能力。即使录像里的人和真人做的事情一模一样，结果仍然证实，真人的教学效果更好。每一次实验都得到了相同的结果。

这是否说明孩子通过视频远程上课注定什么都学不到？并不尽然。真实的老师比提前录制的视频教学效果更好，这主要是因为他们能够和孩子进行一对一的个人互动。只要孩子在屏幕另一端接触的是关注孩子的、有回应的老师（而不是一个不会互动的玩偶或者卡通形象），他的学习能力就会大大提升。

### 屏幕绝对会耗尽你的时间

无论是沉迷于电视节目、熬夜打电子游戏，还是经常访问社交媒体，看屏幕很容易成为习惯——甚至更加糟糕，它会令人上瘾。即使你的小书怪对屏幕的使用没有达到明显有害的程度，但这仍然会减少他做其他事情（例如看书、与兄弟姐妹玩耍，或者获得其他更有意义的体验）的时间。

# 阻止"袭击"

幸运的是，我们有一些办法帮助现在的家长减少屏幕对孩子注意力的侵占。遵循这些指导，你就有一半的机会阻止你的小书怪变成昏昏欲睡的僵尸：

## 将屏幕放在公共区域

当把电子设备放在公共空间（例如书房、家庭娱乐室）时，你就更容易监控孩子在屏幕上看了什么、看了多久。如果电视和电脑在孩子的卧室里，确保他合理使用这些电子设备就会变得困难得多。有大量研究探讨了在卧室内放电子屏幕对儿童的影响，结果都发现影响非常糟糕。卧室里有电子屏幕的孩子往往会花更多时间使用它们，参与更少的身体活动，有更高的肥胖水平以及更少的睡眠时间和更低的睡眠质量。所以如果你希望你的小书怪成功，尽快阻止电子屏幕在他屋子里"过夜"吧！

## 设定时间限制

你的小书怪花在屏幕上的时间越长，他做其他事情（例如谈话、阅读、玩耍，以及其他不会有光线从近距离直接射入眼球的活动）的时间就越少。电子屏幕特别有吸引力，但也很浪费时间，很容易让孩子在不知不觉中消耗几个小时的时间。另外，当孩子持续受到屏幕的刺激时，他在不看屏幕时会更容易感到厌倦。你可以有目的地设置看屏幕的时间限制——每天的限制、每周的限制，或者同时设定两种限制，并确保你的家人遵守规则。

你也可以考虑在家中设置完全没有电子设备的时间或无屏幕区域。研究者们已经发现一个令人担忧的事实，即仅仅把你的手机放在面前都可能会影响你与另一个人的互动，即使你并没有在用手机也是如此。这就是普遍的"科技干扰"现象的其中一个例子：仅仅因为可能会有比他人的陪伴更有趣或更重要的事情从屏幕上冒出来，人与人之间的交流和关系都会受到影响和干扰。请你有意识地将屏幕从日常活动时间（例如吃饭时、准备睡觉时、家庭游戏夜，或者任何对你和家人来说特别的时间）中移除，用这样的方式向你爱的人表示你在乎他们。如果你想不到任何常规的日常家庭活动，那现在就是开始进行一些活动的好时机，并且请你确保这些活动从一开始就没有电子屏幕参与。

### 在"没人在看"的时候关掉电视

如果你是那种在电视节目结束之后仍开着电视的人，你可能需要考虑更频繁地关掉电视。有研究者观察过家长分别在安静的房间和开着电视的房间里与孩子玩的情况。他们发现当电视开着时，家人之间的对话显著减少。在电视发出声音时，人们似乎会让电视代替自己讲话。这样一来，孩子的语言和读写能力就会受到影响。

还有一个更令人担忧的发现：经常将电视作为背景声音的家庭会形成一种习惯，从而导致整体上的相互交流减少。他们在家里电视开着的时候的交流很少，当他们不在家里、周围没有电视的时候交流同样很少！这意味着这些家庭的孩子听到的语言要少得多。所以当没人在看的时候请关掉电视，并请你自己发出一些声音！

### 减少对电子设备的依赖

如果你也因为不知道如何让孩子们在饭店、商店或机场里安静乖巧一点而困扰，放心，不止你一个人有这种困扰。每位家长都担心他们的小孩会时不时大发脾气。为了防止潜在的危险发生，很多父母形成了一种习惯，每次去公共场合时都把电子屏幕塞给孩子。

在你也决定顺应这个"让科技成为保姆"的趋势之前，请先了解这个事实：参与饭桌上的谈话或者自己安静地坐着思考等行为所需的能力会随着练习而提升。如果你的孩子从未尝试这些事情，他将永远不会有所提升。从长远来看，这样做只会对他有害。此外，如果你只依赖电子设备让孩子保持冷静，那么如果你乘坐的飞机还没到达一万米左右的巡航高度，但电子设备就没电了，你要怎么办呢？一个先苦后甜的策略是邀请孩子表现得更像他正在努力成为的负责任的大孩子，鼓励孩子用合适的音量参与到礼貌的对话当中。如果他想换一种方式娱乐，你可以带一些不需要电池的书籍来读，或者带几张纸画画。请将电子产品当作绝对的最后手段。

### 让自己成为榜样，合理使用社交媒体

一个孩子的屏幕使用时间的最强预测因素之一就是他的家长花多少时间看屏幕。即使对特别小的孩子来说，智能手机也是难以抗拒的诱惑。导致这种现象一部分原因是孩子很喜欢按按钮，另一部分原因是他看到家长一直拿着手机。我们对什么感兴趣，我们的孩子就会自动地也对它们产生兴趣。

这就是我们提出的强调书本、故事、与孩子谈话，以及为屏幕时间设定健康的限制这些建议同样也适用于你自己的原因。你为孩子树立热爱读书的榜样的行为越多，你的孩子就会越喜欢这些事情。毕竟，有其父必有其子嘛。

## 合理利用屏幕

让我们现实一点。除非你准备搬到深山老林，关掉所有的电器，并带着家人过着完全离群索居的原始生活，否则你无法完全将电子屏幕从生活中排除。这就是为什么对屏幕保持明确目标很重要。你要有目的地与孩子分享它们，负责任地使用它们，让电子产品最大化地发挥教育功能。以下是一些这样做的方法。

### 识别出对孩子最友好的内容

到现在为止，我们基本上一直在提醒你看电子屏幕太久的危险，但也有一些鼓舞人心的证据发现，孩子们也能从屏幕上学到一

些很酷的知识，并提升视觉和空间能力。此外，很多儿童节目、电影和游戏中也包含了充满教育性的内容。但请记住，并非所有的"教育性节目"都处于相同的水平，所以试着选择一些这样的内容：

◎ **慢的。**你有没有注意到，有些节目呈现信息的速度非常快，包含了很多移动场景和快速切换的镜头，而另外一些节目呈现信息的速度慢得多。我们知道，慢节奏的教育节目对成人观众来说似乎十分冗长，但当身为成人的我们尽力抑制自己大喊"快点吧！"的冲动时，我们的孩子正用这段时间更好地加工他看到的信息。

◎ **重复的。**就像把一本书多读几次能帮助儿童强化概念，并从经验中学到更多一样，重复看相同的媒体材料也能帮助他更好地理解材料。

◎ **现实的。**从屏幕上的媒体中学习是具有挑战性的，一部分原因是孩子需要把在屏幕上看到的事物与现实生活中真实的物体和概念联系起来。当媒体材料在视觉上更符合真实生活时，这一联系就更容易实现。

◎ **适合孩子年龄的。**这一点可能不言自明，但我们还是要说一说。只要有可能，请让孩子远离充斥着暴力内容的卡通片、游戏和节目，因为它们可能引发孩子更高水平的攻击性行为，以及对现实生活中的暴力脱敏。

◎ **有互动性的。**孩子在与你的交流中能收获很多，因为他的行为确实会对当前的事情产生影响（例如，他抬高嗓门大喊时，你就会痛苦地龇牙咧嘴），而像看电视这样被动地看屏幕就没有这种效果。例如，儿童节目《爱探险的朵拉》中，每一集节目的最后朵拉都要说一句"谢谢"来感谢观众对她的帮助，即使你的孩子并没有回答过她问的问题也是如此。但是，研究表明，在看电子屏幕的过程中增加一个真实的互动元素，孩子会获益更多。你可以考虑选择一些类似的科技，例如可以回应孩子的点击或敲打的教育性游戏、可以让孩子找到自己想到的问题的答案的网络搜索引擎，或者能够促进与人互动的视频聊天软件，使屏幕里的人能够对孩子的语言和行为进行回应。（我们相信孩子的爷爷奶奶、外公外婆会很乐意在最后一点上帮忙！）

## 看电子书

这几年很多儿童书籍都有了电子版本。这些电子书非常方便，你可以立即购买和下载，也可以在一个节省空间的设备上储存很多书，而且这也是一种潜在地提升读写水平的好方法，能够安抚吵着要更多屏幕时间的孩子。如果你想试试电子书，以下是一些小建议：

◎  **像读一本纸质书一样阅读它。** 读书对孩子非常有帮助，因为你们在阅读的过程中会进行很多内容丰富的对话。在读电子书的时候沟通也一样重要！像往常一样对所有事情进行讨论，例如讨论书中角色的想法和动机、故事的背景、书籍和现实生活的联系，以及在"给小书怪读书的正确方法"一章中提到的任何其他话题。

◎ **不要太沉迷于技术**。研究发现，在使用科技产品的时候，家长经常会花过多时间谈论电子设备本身的机器逻辑，而不是进行更加自然的、提升技能的对话。后面这种对话往往会在阅读一本纸质书的时候发生。

◎ **帮助孩子理解**。尽管有时候孩子看起来很容易学会翻阅和浏览电子书，但电子书的特质也让他很难记住读过的内容。有研究表明，与纸质书相比，电子书的内容对成人和儿童来说都更难以理解和记住。所以当你与小书怪讨论你们读的电子书时，一定要回忆并复述故事中的重要内容。

◎ **当心"朗读"功能**。尽管有些电子书软件能给你的孩子朗读图书，但它并不能代替真人。当你朗读的时候，你知道你的孩子在做什么，例如他有没有注意听、有没有理解内容，以及对哪一部分内容最感兴趣。因此，你可以通过交谈、讲笑话、打手势等方式帮助孩子充分了解故事。这些都是电子书无法做到的。如果没有这些，你就无法确定孩子是否在对一篇真正能够教授识字技能的文章进行深入思考。虽然让电子书给你的孩子读着玩没有什么问题，但你花一些时间认真给他读书也很重要。

◎ **记住屏幕无法代替纸质版的书籍**。电子书很有趣，可以互动，也确实能够节省书柜的空间，但也请记得保留一些传统的纸质书。家里有纸质书很重要，因为它们永远在那里，你的孩子可以很容易一次又一次地看到、触摸、翻开它，体验读它的乐趣，并一次次把它还回原本所在的位置。

# 学会共存

随着你的孩子慢慢长大，他会开始更多地使用屏幕。为了帮助孩子充分利用屏幕时间并保持对学习的热爱，你能做的影响最大的一件事就是与他一起看数字媒体。当你基于孩子正在看的电视节目和正在玩的网络游戏与其互动时，他就能从体验中学到更多。

即使媒体的内容本身就是富有教育性的，你可能也会惊讶于孩子是如何通过自己使用媒体来学习的。对成人来说，具有教育性的游戏和节目看起来很明显是有益的——毕竟，里面充满了字词和数字！但是对于还不完全了解这些教育理念的孩子来说，吸收那些接二连三呈现在屏幕上的快速闪过、充满动画的知识可能要困难得多。

在孩子看屏幕或者用电子屏幕玩的时候，请与孩子坐在一起，陪伴他。这样做会让你有机会对他可能遗漏的教育性概念进行强化或解释，同时也增加了电子屏幕里的内容很少能提供但极为重要的互动元素。一个简单的方法是在字词出现在屏幕上时大声将它读出来。即使是面向儿童的节目和电影也经常包含不进行朗读的人可能会完全遗漏的文字。给孩子提示会提升他对故事的理解和喜爱度。在我们家，每当我们一起看一部孩子们没有独立看过的电影，我们肯定会讨论并解释符号、新闻标题，甚至片头字幕之类的文字。"环球影业，这是制作电影的公司名称；《卑鄙的我3》，这是我们看的电影的名字！噢，这些是给电影配音的人们的名字。很酷吧？"这样做还有一个效果，就是持续强化这样的观点：任何地方的文字都很有趣，都能提供信息。

一起度过屏幕时间的另一个好处是这能帮助你与孩子千变万化的兴趣保持联结。你可以通过讨论增强与孩子的关系，你可以问他在看什么、为什么喜欢看这些内容，以及如果他有机会改变这些内容会怎么做等。你也可以把观看的内容与现实生活的体验和你们一起读过的书籍联系起来，这样屏幕时间和读书时间就能相互促进，而不是争夺孩子的注意力。请记住，任何事情都可以作为一次良好交谈的基础，电子游戏、电影、电视节目都包括在内。

我们理解，你不能总是陪着你的小书怪，引导他进行"荧幕冒险"，所以你要对如何使用屏幕有战略性的眼光。如果你并不打算在屏幕时间进行互动，可以把它安排到一个你不会与孩子互动的时间。例如，如果你知道自己需要打扫房间、打电话、工作，或者难得锁住卧室的门做一些少儿不宜的事情，就去给孩子们放两集电视节目吧。如果你把这段时间控制得相对较短，并在大量其他时间里与孩子互动，那么电子屏幕是不会阻止你的小书怪在阅读能力上取得巨大进步的。

# 书籍+屏幕=严肃的家庭娱乐!

想知道我们家最喜欢的让电子屏幕促进阅读的方式是什么吗?是一起看一本书,然后一起看它的影视版本。我们的孩子很喜欢这样,我们也是!

很多拍成电影的童书都很长,所以如果你的孩子还很小,你可能会觉得他还不适合这样的活动。但我们发现,即使在我们的孩子只有2岁大的时候,他们也喜欢和我们一起阅读长篇小说。所以,你要记住,你将需要几天或几周读完这本书,并且只要你需要,就总是可以停下来解释一些复杂的词语或者概念。

以下是一些在看电影之前读书的原因:

## 阅读制服了故事中最可怕的部分

当孩子因为看到电影中的恐怖场景而躲到我们的怀里,我们会偷偷地享受这些拥抱。这样做还有一点好处是,孩子在看我们读过的一本书的电影版时从来不会太紧张,因为他们知道主角的结局还不错。在电影开始之前一遍又一遍地提醒他们这个事实也很有帮助。

## 孩子期待最喜欢的部分

在一起阅读数周后,孩子会很高兴有机会看到他最喜欢的笑话、角色和场景呈现在屏幕上。

## 你可以谈谈自己的想法

看一本书的电影版本可以创造很多有趣的话题，例如电影画面与书中的描述和自己想象的情景有什么相同和不同之处。

很多很棒的书籍已经被改编为电影，你可以与全家人分享。以下是一些我们家看过的已经被改编成电影的书籍：

◎ 《查理和巧克力工厂》，罗尔德·达尔 / 著

这本书有两个电影版本，所以你们可以选择自己更喜欢哪个版本。（声明一下，我们家里绝对没有达成一致。）

◎ 《美食从天降》，朱迪·巴雷特 / 著

这本书有大量插图，情节也很简单，因此，看看这部真正有趣的电影在整整90分钟里增加了多少内容还是很酷的。

◎ 《别有洞天》，路易斯·萨查尔 / 著

这本书的情节跨越了几大洲和几代人，但仍然做到了让每一个细节都成为故事的重要组成部分。这本书确实是一部艺术作品。书中包含了一些孩子很难理解的概念，如种族歧视、暴力、死亡。你与孩子一起阅读这本书给你提供了一个机会，让你引导孩子，并对他解释你自己对这些概念的理解。

◎ "哈利·波特"系列，J. K. 罗琳 / 著

这个系列的小说里孩子们可以骑着扫帚飞行，可以制造魔法药水，还可以熬夜到很晚，这些肯定会受到所有想成为女巫和巫师的孩子欢迎！但请记住：随着阅读的深入，这个系列的

故事（尤其是电影版本）会变得越来越黑暗和可怕——所以请想想你的孩子能接受多少，并慷慨地给予你的拥抱吧！

◎　《好心眼儿巨人》，罗尔德·达尔 / 著

　　罗尔德·达尔写的很多有趣的书都被改编成了电影，我们在列表中还加上了这一本。喜欢笑话的小书怪会很喜欢听到友善的巨人傻傻的、口齿不清的声音。

◎　"内裤超人"系列，达夫·皮尔奇 / 著

　　这一系列曾两次成为美国图书协会发布的"被禁书单"榜首，所以很明显，这个系列的书并非老少皆宜。但是书中大量的笑话、傻傻的情节，以及穿着内裤跑来跑去的疯狂角色都让很多孩子非常喜欢——而且电影中呈现的内裤也绝对是我们可以接受的形式。

# 第十一章　小书怪的玩耍时间

蝙蝠并非真的看不见，骆驼也并不是真的在驼峰里存水。无论多少斗牛士将斗篷涂成红色，公牛都不会在意颜色。人们对各种各样的动物存在误解，对小书怪也有很大的误解。

请闭上眼睛想一想，一个"读了很多书的孩子"是什么样子的？你想到了什么？如果你眼前浮现出一个孤单、安静的孩子，孤零零地躲在卧室台灯下，把头埋在书中，一连看书好几个小时的画面，我们也不会怪你。自我们童年起，很多人就在电影或电视节目里看到过这样的经典画面。但事实上，这完全不是本书谈到的"物种"！很多父母在自己的成长过程中形成了爱读书的孩子是被动、内向的"书呆子"的刻板印象。但与此不同，现如今的小书怪往往是积极、活跃、喜欢玩乐的小生物，他们用阅读启发游戏，也用游戏来启发阅读。

没错！你不用再去纠结是选择养一个爱读书的孩子还是养一个爱玩的孩子，养一个会思考的孩子还是喜欢嬉戏的孩子，养一个成绩好的孩子还是爱运动的孩子了。因为小书怪能同时具备这些特质！请记住培养小书怪并不需要坐下来正式地上阅读课，而是需要把阅读变成孩子终生热爱的一项活动。一种最有效的做法就是把阅读和游戏联系在一起。

在一个家庭日程安排比以往任何时候都要多的时代，对家长很重要的一点是记得优先安排游戏的时间。这样做的原因很多，我们在下面列举了一些。

### 游戏是健康的

积极的游戏对身体健康有好处，探索性的游戏对认知发展有好处，和朋友家人互动的游戏对心理健康有好处。

### 游戏是能赋予力量的

游戏给孩子们提供了机会，让他们自己决定行动方式，自由地表达自己的想法。对于在大多数时间里无法掌控自己行程的小孩来说，这是"做主"的独特时刻。

### 游戏就是工作

孩子可以通过对外界进行探索和与外界互动的过程进行学习，

这是他天生就有动力去做的事情。游戏是孩子测试假设并尝试新想法的机会，游戏中的赌注也像撞倒一排积木一样微不足道（但令人兴奋）。

### 游戏是有效的

通过游戏，孩子可以获得用其他方法无法获取到的能长久留存的知识。有研究比较了两种学前教育项目后发现，与基于游戏的项目相比，注重学术的项目并没有持久的优势。事实上，创造性的、注重情绪幸福和社会发展项目中的孩子有时候比在更严格的项目里学习的孩子表现得更好。

### 游戏很有趣！

游戏确实是有趣的，还有比这更好的理由吗？

因为所有孩子都喜欢游戏，所以养一只小书怪最可靠的方法就是在游戏时间里增加提高读写能力的行为。这些行为策略中有一些显然与阅读有关，但还有一些并非如此。请对此保持开放的态度。事实上，即使是那些看起来和读写没什么关系的游戏也能极大地提高读写技能。如果你的方法正确，孩子会玩得很开心，甚至不会意识到自己学到了多少内容。

# 开始玩游戏吧

全家一起玩游戏是为提升小书怪的能力量身定制的活动。很多棋盘和卡牌游戏都有意识地关注文字和阅读，甚至那些不要求每个人说太多话的游戏也一样。谁知道孩子会接触哪些词语呢？如果孩子的爷爷奶奶很爱争强好胜，他们可能会在游戏中说很多丰富的、古老的"脏话"。

有研究表明，那些在家庭中经常进行对话丰富的活动（例如一起玩游戏）的孩子会受益颇多，例如会有更大的词汇量、更高的阅读得分、在学校有更强的学习动机，以及对亲子关系有更积极的感知。总有一天，你的孩子对童年的回忆将会由家里的常规传统带来的体验构成，所以如果你还没有与孩子一起玩过游戏，请快去开启一个家庭游戏夜（或者游戏日），或者在任何你有空的时候快速地与孩子玩一些游戏。

以下是一些我们家最爱玩的游戏：

## 井字棋

不可否认，这个游戏的语言价值很小，但它至少能帮助孩子区分X和O两个字母的差异。此外，这也是一个能快速玩起来的游戏，只要你身边有一张纸一支笔就行。你们可以在餐厅用彩笔和餐具垫玩，或者在沙滩上用你的大脚趾玩。

## 打电话

这个游戏是这样玩的：玩家用很小的声音把听到的信息传递给下一个人，最后一个人说出自己听到的是什么。但是，每个小组最后一个人说出的东西不可避免会出错。所以你的小组玩得越糟糕，这个游戏就越有趣。而且当你们笑着谈论小声传消息的结果会有多离谱时，你也在教孩子有不同含义的词语可能发音非常相似。

## 填字游戏

在有提示的情况下填补一个神秘单词或短语的空白对于已经开始阅读的孩子来说是完美的游戏。你们也可以不预先设定题目，而是从一个词开始，随心所欲地拓展文字构成的网格，看看你们能写出多少词。有一次，在看到哥哥姐姐有多喜欢这个游戏以后，我们3岁的小女儿也想玩这个游戏。她骄傲地在小白板上画满了空格，然后随机填写字和弯弯曲曲的线条。她简直太可爱了！

## 你来比画我来猜

在这个经典的聚会游戏里，玩家要通过队友的肢体动作猜出自己被分配到什么词。即使负责表演的人从来不讲话，也能带来特别多的欢乐。此外，从通过触摸手臂表示将单词分解成单个音节，到拉扯耳朵来表达"听起来像"的意义作为线索，再到让每个人用象征性的手势来练习表达书籍、歌曲和电影等词语，参与者能在游戏过程中学到很多语言知识。

### "苹果对苹果"

在这个卡牌游戏中，两类卡牌的每张上都有一个词，庄家从形容词牌中挑出一个关键词，每个玩家从名词牌中挑出一张，与庄家挑出的形容词进行搭配。搭配最恰当（或最好笑）的玩家胜出。这个游戏中包含很多同义词，而且所有玩家都想赢得游戏的胜利，因此对扩展孩子的词汇量很有帮助。

### 熊熊大战宝宝

请注意，如果你不喜欢鼓励孩子"建造强大的怪物来吃掉可怕的婴儿组成的侵略军"，那么这个游戏不适合你。但如果你和我们一样觉得无所谓，那准备好大笑吧。在这个卡牌游戏中，你与孩子轮流组合卡片，一方抽怪物卡将怪物的不同部位进行组合，一方抽宝宝卡发起攻击。在游戏中，你们可能会组成这样的句子："光与奇迹之波美拉尼亚人，穿着不可思议的内裤"，或者"一只迅猛龙，同时也是一辆坦克"。你们读到的句子越有趣，每个人笑得就越开心！

### 说　明

不，我们不是说你们从未听说过的名字叫作"说明"的游戏。我们想介绍的是无论你们在玩什么游戏时都要有的规则说明环节。与我们一起玩过游戏的人可能知道，安迪特别喜欢读一遍所有的游戏规则，然后详细地向所有玩家解释。我们并不是说你也需要这样做（这可能会让人发困），我们是说给孩子看看说明书，并讲一讲为什么规则很重要是一个好主意。当小书怪看到你阅读规则，并且指出一些令人兴奋的细节（例如"这上面说最小的玩家先开始"）时，他就能先学到一件事：书面文字具有创造出奇妙有趣的体验的能量。

## 到户外玩耍

所有孩子都需要常规的在户外玩耍的时间，并在这段时间里跑来跑去、锻炼身体。但出门玩是身体运动并不意味着它不能包含脑力活动。以下是一些将语言教学融入户外活动的办法：

### 骑自行车

我们家很喜欢骑自行车去饭店、公园、沙滩、电影院，以及任何不用开车去的不太远的地方。这些我们喜爱的外出活动不会阻碍孩子成长为小书怪的步伐，反而提供了一个可以带着语言读写活动一起外出的机会。我们在路上的时候总是可以指出很多街道名称和停车标志。此外，当我们停车的时候，孩子的自行车锁也会迫使他们读一点东西。我们在买锁的时候没有选择传统的数字组合密码锁，而是选择了字母组合密码锁，这样就能让孩子们自己选择任何四个字母的组合作为他们自行车锁的密码。我们在这里不会泄露他们的密码，但相信我们，他们选择的单词都很奇怪，也都是随机的，都是我们根本预测不到的单词。我们敢打赌，当你看到孩子被哪个词吸引，你也会获得极大的乐趣。这些锁很棒，因为每次锁车或者给车开锁的时候，我的孩子们都能接触到这些单词。这些锁也给他们提供了好玩的活动，让他们反复转动字母，组合出更多单词，例如poop（便便）。他们最近发现他们可以也应该选择poop这个词当密码，并为此感到非常后悔。

### 徒步旅行

每当你们到大自然中远足时，新鲜的空气、阳光，以及各种各样有趣的动植物都在等着你的孩子。除了阅读沿途发现的路标和信息标记，你还可以在描述该地区的地质特征、植物群、地理位置时向孩子介绍新的词语。你们也可以玩一个不需标志牌的找词游戏。我们在"小书怪的阅读场所"这一章介绍过这个游戏。在徒步旅行时，你们可以对这个游戏稍加修改，不看标志牌，而是找出所有名字中带有某个字的物品。如果你觉得可以再大胆一点，你甚至可以给小书怪一张地图，并让他带路！

### 投球游戏

自从我们家最大的小书怪在三年级加入了篮球社，篮球就成了我们家最喜欢的运动之一。你们能玩的一种简单的也是最适合小书怪的篮球游戏是"投球游戏"。在这个游戏中，玩家轮流投球，当有人进球的时候，下一个玩家就需要在前一个人站的位置进行投球。如果又投进了，比赛继续；如果没有投进，那失误的玩家就得到了事先选定的词语中的一个字。如果失误多次，玩家凑齐了这个词语，那么他就出局。在这个游戏中，选择的词语越长投球机会就越多。每次投球既可以锻炼身体，也可以锻炼记忆力！

### 跳　绳

跳绳本身可能不会帮助你学习阅读，但如果你能边跳边唱一些经典的童谣，那就绝对可以了！朗朗上口的童谣能让孩子沉浸在语音中，《字母歌》甚至直接把字母表唱了出来。在唱着《字母歌》跳绳时，每个人边跳边按照顺序唱出下一个字母，如果某个人忘记跳绳了，他就得接受小小的"惩罚"，然后从刚才说的字母继续开始跳。

### 用粉笔在人行道上画画

粉笔是蜡笔的更酷、更街头、更老式的版本。它能让孩子的目光越过厨房桌子上的一张小纸片，将着色游戏带入更广阔的世界。你可以用很多方法提高孩子的阅读能力。在你们画的每幅画上写上名字，鼓励孩子辨认你写的字词，创造你自己的跳房子场地（用数字或字母来跳），在人行道上写下不同的字词，并让孩子跳到你说出的词上，看一看你能把"小"这个字写得有多小，能把"大"这个字写得多大。采用各种游戏形式，直到你们用尽创意（或者开始下雨）。

### 把虚构转化为现实

你在给孩子们读书时，可以让角色参与的有趣户外活动激发你们在现实生活中探险的灵感。例如,《卡姆·简森和网球奖杯之谜》可能会激励你抓起球拍到最近的网球场去,"哈利·波特"系列可能会鼓励你参加魁地奇比赛。那么,你把你的魔法飞行扫帚放在哪里啦?

### 种植物

挖土、种花、浇水、除草、采摘,以及把在自家花园里种的食物吃掉,都是帮助你的小书怪接触大自然的好方法。此外,装种子或肥料的袋子、植物名牌上还有很多信息量丰富的词语,这些词也都能帮助孩子提升阅读能力!

### 准备装备

在游戏开始之前,你的橄榄球、足球、篮球,或者自行车胎需要打气吗? 让你的孩子帮你操作充气装置! 你们工作的过程中有很多不寻常的词语可以指出来、阅读和谈论。例如,你可以说:"上面说充气到55 kPa。充气的意思是把它里面打满空气。kPa是指'每一平方米承受多少千帕的压力'。如果我们充到了55 kPa,我们就能确保球可以弹得很高,但也不会爆炸。"最棒的是,当你告诉他"弄湿针头"的含义时,你可以用自己的口水恶心他!

## 玩假装游戏

有些家长在看到自己的孩子有想象的朋友、与毛绒动物玩具聊天（好像它们有思想和人格），或者好像一直在假装一些疯狂的事情时会觉得很奇怪。但别为此烦恼！这仅仅表明你的孩子具有良好的想象力和社交技能，这些对于他未来的阅读能力都是很好的。很多研究也支持这一观点，认为假装游戏能够提升阅读所需的高级思维能力，例如：

### 同时记住很多事

当孩子创造出假装的情节时，他必须同时组织大脑中大量的想法——例如他在扮演的角色、出演的情节、使用的道具。这样做会锻炼孩子的工作记忆能力，这一能力能帮助他记住所阅读的内容、理解考试题等。

### 使用符号

当你的孩子假装毯子是皮划艇时，他就将毯子当作代表"皮划艇"的符号。使用语言和进行阅读也需要使用符号，需要孩子意识到词语是代表现实世界里真实事物的符号，而文字是代表他所知道的词语发音的符号。

### 编故事

有些假装的情节又短又简单（例如，坐下来参加一个简单的茶会），还有一些很长很曲折（例如，茶会被一条饥饿的想吃比萨的龙打断，这条龙强烈建议你把整个客厅转变为一个接待龙的比萨店）。

你的孩子练习假装游戏并接触富有想象力的书籍和故事越多，他编的故事就越翔实、连贯、有趣！

想让你的孩子从假装游戏中学到更多吗？你可以试着也加入游戏，同时寻找方法，在他已经开始的假装场景中巧妙地引入学习机会。例如，如果你的孩子在玩"饭店"游戏，你就可以去应聘，并鼓励孩子在新的工作场景里加入一些内容，例如创建菜单、写下客人点的餐，以及结算账单；在孩子玩"理发店"游戏时，你可以作为邮递员出现，为他带来一摞杂志，让他放在等候区供顾客阅读。

尽管经常与你的孩子这样玩是一个好主意，但你也不会想一直这样做。首先，你得完成洗衣、做饭等家务。其次，给孩子留出自己玩的时间可以让他自己想办法进行探索和实验，这些是你一直在他身边的时候没有办法做到的。所以，给孩子玩的地方放满适合小书怪的材料，例如彩色美术纸、记事本、画架、钢笔、铅笔、马克笔、蜡笔、粉笔、橡皮、书本，以及印着文字的玩具，然后就不要打扰他了！

## ※　选择合适的玩具　※

选择有字母、能提升读写水平的玩具是帮小书怪在游戏时间学到更多词语的另一个方法。如果你的孩子喜欢搭积木，你可以买一款印有字母或词语的积木。如果他喜欢角色扮演，你可以找一些服装，帮他变成自己最喜欢的人物。如果他很喜欢拼图，无数以字母主题的拼图可以让他尝试。我们所有的孩子都会玩一种很酷的木制拼图。这种拼图的每一块的形状都像一个字母，每块背面都印着一张图片，图片中事物的名字以这个字母为首——例如字母拼图 z 背后就藏着代表"纸"的图。每当你的孩子拿起一块新的拼图时，你就可以说出字母的名字、它的读音、图片中事物的名称，以及很多其他也以此字母为首的单词。我们也很喜欢用字母磁铁，以及能贴在孩子浴缸上的字母。这些玩具最棒的一点是孩子可以用它们做很多事情：将同一字母的大小写配对、拼写词语、把字母按照颜色分类、假装大写字母是小写字母的爸爸妈妈等。

为了获得最大的乐趣和教育效果，选择开放式玩具准没错。不同于那些被设计成具有单一的、最佳用途的玩具（例如，汽车就是用来开的，茶壶就是用来泡茶的），球、积木、黏土等开放式玩具不是为任何事情特别准备的，也无法独立做什么事情。但是当孩子运用他的想象力时，使用它们的方法是无穷的！

# 第十二章　小书怪的集体活动

　　蜜蜂将清洁、繁殖和寻找食物等任务分工，完成整个蜂群的所有工作。大雁在飞行时以"人"字形排列队伍以节省能量。斑马成群结队地聚集在一起，以此迷惑试图挑出一匹斑马进行突袭的狮子。

　　小书怪也一样，他可以在集体中获益。因为孩子是天生的社会物种，他与朋友形成的关系对他的发展极其重要，也很有影响力。这就为你创造了一个难得的机会：如果你能让你的孩子和他的朋友享受在一起阅读的快乐，那么读书就会成为一件很酷的事。玩伴聚会和提高读写能力可以同时进行。此外，积极的同伴压力也可以发挥作用。这群小朋友可以相互促进、相互鼓励，发展出对阅读更深厚更持久的热爱。

# 书籍会加深友谊

你之前可能没有想过这个有趣的事实：书读得越多，你的孩子就可能有更好的友情！你看，每当小书怪在书中读到一个新角色的想法、感受、困难或成功时，他就会了解到成为与现在的自己不同的人是什么样的感觉。他在翻书的过程中经历的每一次新探险都让他有机会从新的视角看待世界，并与一个与自己处境非常不同的人共情。这一经历能让他以让其他人欢迎、支持，并感到愉悦的方式进行互动——而这些正是孩子吸引朋友并维持友谊所需的能力！

大多数儿童到5岁以后才理解其他人与自己有不一样的想法、感受和信念。但基于读书越多的孩子越早发展出共情能力这一事实，家长们可以通过经常朗读来快速启动这一过程。更多地阅读与更强的社交技能之间的关系贯穿孩子一生。有研究发现，相比于那些不读书的同龄人，读更多小说的成人在共情能力上得分更高。所以请成人也坚持读书，因为这会让你成为一个更好的朋友！

## 与朋友们一起分享词语的方法

在我们的小女儿3岁时，我们偶然听到了一段她和她的朋友玩耍时的对话。当时两个女孩一起去卫生间，我们的女儿使用她的小便盆，她的朋友使用大的坐便器。为了消磨时间，她们在小便时聊了聊天，而且因为门是半开的，我们就稍微听到了一些：

女儿的朋友问："上面写了什么？"

女儿回答："我也不知道，我猜上面写着'厕纸'。"

女儿的朋友："噢！"

　　两个孩子都很高兴地拍着手，然后笑盈盈地从卫生间出来——很显然她们对自己破解了密码感到满意。我们能猜到她们刚刚在讨论文字，但是我们也很确信卫生间里实际上并没有任何东西上印着"厕纸"两个字。所以我们走进卫生间调查了一番，然后意识到孩子们之前看到的是厕纸卷。我们家用的厕纸卷上面印着一种非常雅致的花卉图案，并点缀着"浴室用纸"字样。孩子们知道上面的词语表达了一些含义，但是因为不认识这个词，她们就对上面的内容做了一些猜测。

　　我们为此忧愁地叹息，因为我们知道这样可爱的小宝贝过不了多久就会长大，但除此之外，这个故事也提醒了我们一些事情。首先，它表明孩子们一旦意识到文字会传递有趣的含义就会被此吸引，无论在哪里看到文字都想知道上面说了什么（即使是在厕纸卷上）。其次，它也表明孩子们喜欢分享文字，并与其他人一起阅读。他们凭直觉理解了如果自己阅读以及与父母一起阅读都很有趣，那么与朋友一起阅读也一定很有趣！

　　以下是一些简单的方法，让你将读写活动融进你的孩子与同伴的活动中——并且不需要厕纸卷！

### 在玩伴聚会中加入故事时间

孩子们无法拒绝书本。任何孩子都不能。我们知道这一点，因为这个观点在我们家一直得到证实。每当我们在公共场合给孩子们读书，我们周围的所有孩子都会开始逐渐向我们这里靠近，直到最后我们都靠在一起享受故事。因此，你也不应该抗拒书本。你可以帮助孩子把阅读当作与朋友一起玩的常规活动，例如在玩耍过程中加入一些暂停时段专门看故事，就像休息一下吃些点心一样。如果你恰巧在孩子们开始感到无聊或快要打起来时（这将是不可避免的）讲故事，你会觉得这是一个特别明智的举动。

### 用一本好书庆祝生日

你在计划一场生日聚会吗？你可以把读故事书加入你的活动列表。你雇佣的扮演小公主和美人鱼的演员也常常在她们的表演中融入这一部分，但如果你不想破费，也完全可以自己读书。你可以想一想，选择一本符合聚会主题的书，或许甚至可以送给孩子们几本书籍作为小礼物，让他们带回家去。与大多数孩子在聚会结束时装满了乱七八糟东西的典型礼品袋不同，他们的父母不会在几天后从沙发的缝隙里捞出你送的书，然后把它们扔掉。

### 将书籍作为礼物

你被邀请去其他孩子的生日聚会了吗？你知道那里会有无数包装好的玩具作为礼物。所以请考虑一下，选择用一两本特别的书作为代替的礼物吧！让你的小书怪也参与进来，问问他觉得朋友可能会喜欢哪些书。另外，请记得，书籍也是节假日礼物的很棒选择！

## 组建读书俱乐部

通常，在经历一次令人兴奋、情感丰富的读书体验之后，你会忍不住想要讨论一番。但除非你碰巧知道哪个人也读过这本书，否则你会常常找不到人畅聊。这就是读书俱乐部非常棒的原因——它们将典型的个人活动转变成特别的社交场合。所以，你为什么不帮孩子和他的朋友组建自己的读书俱乐部，向你的孩子呈现与朋友们讨论书籍的快乐呢？这件事很简单——你只需要至少两个愿意参加的小朋友、你们达成一致要读的书、读完之后见面的地方，当然还需要一些小零食。（如果提供的零食是与这本书相关的，那就是意外惊喜！）

你觉得你的孩子还太小，不能参加读书俱乐部？别这么肯定。我们孩子所在的学校就开设了一个几乎覆盖全校的读书俱乐部，从幼儿园到五年级所有班级的老师都在同一个月份给他们的学生朗读同一本书。这些书往往以一个积极的行为为主题，例如尊重和诚实。此外，通过定期在全校范围举行以书本为中心的活动，书中的概念也得到了强化。每个班的孩子都很喜欢倾听和讨论这些故事。这些书也提供了一些通用词语，可以帮助孩子解决与同学相处时遇到的问题。

### 交换故事

我们喜欢买新书，并在家里收藏了非常非常多的书(有一个图书馆里的书那么多)——但没有人能买完想买的所有书。这就是我们经常和朋友们交换书籍的原因。你可以把一些读过很多遍的书籍包起来，与你的朋友换另一包他们从自己的家庭图书馆中选出来的书。借到一些你的孩子没有读过的新故事书是很令人兴奋的，而当你被借走的那些书回来之后，这些熟悉的旧故事也会重新让你体验到新鲜感。

### 用书籍启发游戏

有些书非常适合与朋友进行角色扮演，它们几乎是玩伴聚会的指导书。在《漂亮南希：哦啦啦，这是美容日》中，南希和姐姐在后院设立了一个豪华的水疗中心，并招待她们的妈妈，给她提供一整天的精心护理。这本书甚至包含了对可以使用哪些豪华配件来装饰水疗中心的细节描述、创建自己的水疗方式的详细说明，以及提供哪些小吃的建议。这类描述能让孩子非常容易地与朋友体验书中描述的游戏。

## ※  家庭成员也是朋友  ※

尽管我们这一章主要在讨论孩子的朋友，但别忘了孩子最初的朋友——家人！所有我们提到的读书、分享故事和玩游戏的体验也都可以让你的孩子与他的兄弟姐妹分享。

　　孩子可以因与人分享书本和语言受益匪浅，与兄弟姐妹分享时尤其如此。小一点的孩子在看哥哥姐姐读书时可以感受到爱看书的同龄人带来的适量的同伴压力。大一点的孩子也会因为能把自己最喜欢的硬板书和简单的故事分享给弟弟妹妹而开心。经常与书本进行积极的互动可以让孩子更少出现打架的情况，有更多的时间创建持续一生的快乐、健康的联结。这一事实将让全家人获得享受！

# 第三部分
## 喂养成长中的小书怪

就像孩子需要有营养的食物来使皮肤、骨骼和肌肉健康生长，你的小书怪也需要一份关于语言和读写的稳定"食谱"来发展对书籍和学习的终身热爱。下一个章节的内容主要是为你准备一份"杂货清单"，上面列满了你需要储存的材料、活动和谈话要点，以确保你能提供小书怪需要的所有营养。你接下来要看到的这些书籍、笑话、游戏、双关语，以及一些记忆活动一定会让所有小书怪都流口水！

# 第十三章　小书怪爱吃"美味佳肴"

大熊猫吃的食物99%都是竹子。帝王毛虫只吃马利筋属植物。黑足雪貂每年会吃下超过100只土拨鼠。这种简单重复的饮食似乎对这些动物都有好处（当然，对土拨鼠不是），但食用不同的"食物"对小书怪才是最好的。

你看，说到狼吞虎咽书本上的文字，小书怪确实是杂食动物。他不能一直反复读一种类型的书，而是需要从不同类型书籍的"自助餐"中抽取丰富的样品。通过尽可能多地食用不同类型的文字，孩子发展出健康、均衡的饮食，这会让他接触到各种各样的想法，帮助他探索哪种文章最使他着迷，并让他从对阅读的毕生热爱中得到最大的收获。

所以当你经历为孩子选择阅读材料这个不断发展的过程时，请记住多样性确实是年轻小书怪的生活调味品。请大胆地选择与孩子从前喜欢的类型很相似的书籍，你知道这些书一定会受到孩子欢迎。但也请你不要害怕尝试新事物。如果你让自己离开家庭成员的舒适区，探索这之外的书籍，你可能会发现一位新的作者、一个新的系列、一种新的体裁能够契合孩子的想象，并将他对阅读的热情提升到全新的层次。

## 平衡小书怪的"饮食"

既然你了解了小书怪"饮食"中多样性的重要性，那么是时候开始购买原材料了。你还没有发现的书籍类型有很多。为了猎取并搜集所有能给小书怪的成长提供营养的事物，你可以查查我们在这里提供的"书籍金字塔"。

问问你自己：你和孩子最常看的是哪一类的书籍？哪类书籍可能被忽略了？有没有哪种书籍是你们从未读过的？小书怪理想中的家庭图书馆包含下面列出的多种书籍——也就是说无论什么时候你的孩子渴望一本好书，你都能很容易地找到一些来满足他。我们将列出每类书的详细介绍，包括一些符合每一种类别特点的图书的名称。为了健康和快乐的最大化，请确保从书籍金字塔的每个部分都选几本放进家庭图书馆！

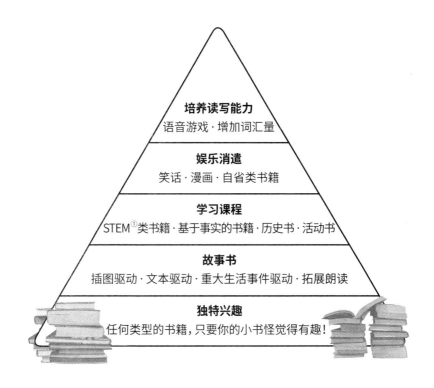

## 培养读写能力类书籍

　　每一位有抱负的读者需要看的第一本书都是关于培养读写能力的，包括熟悉字母和文字、理解语言的声音，以及学习词语的含义。虽然你的孩子随意拿起的任何一本书都或多或少可以达到这一目的，但有一些书对提升特定读写技能的针对性很强。

---

① 四门学科的英文首字母缩写，即科学（Science）、技术（Technology）、工程（Engineering）和数学（Mathematics）。

## 语音游戏类书籍

孩子的书里充满了韵律，以及其他关于字词和字母发出的声音的例子。（拜托，请读一读它们吧！）

| | |
|---|---|
| 开胃小菜 | 《绿鸡蛋和火腿》，苏斯博士／著<br><br>　　在所有苏斯博士写的韵律书中，我们最喜欢这一本。这可能是因为我们家也有一个萨米（与书中角色的名字一样），也可能因为我们喜欢鸡蛋，或者可能因为这本书中重复的韵律特别吸引人。无论是什么原因，我们这么多年来一直很爱读这本书——从我们家的小书怪们还是小宝宝时起 |
| 饕餮盛宴 | 《人行道的尽头》，谢尔·西尔弗斯坦／著<br><br>　　安迪有一件事鲜为人知：他曾在一整年时间里每天都写一首关于洋葱贝果的诗——也就是以简单的早餐为主题写365首诗。天啊！没错，我们家很喜欢诗。谢尔·西尔弗斯坦的那些深受喜爱的书籍是那么傻、异想天开、滑稽可笑，我相信他的书会让你们家也开始喜欢读诗的 |
| 更多美味 | 《讨厌的宴会！》，罗伯特·L.福布斯／著<br>《我只是不擅长押韵：淘气小孩和不成熟大人的胡言乱语》，克里斯·哈里斯／著<br>《奇形怪状：怪物ABC》，劳拉·勒克／著<br>《噘嘴巴的大头鱼》，德博拉·迪森／著<br>\*《声律启蒙》，车万育／著①<br>\*《少儿科普三字经》，亚子／著，刘金平／绘<br>\*《千家诗》，谢枋得、王相／选编 |

---

① 为方便读者选书，编辑将教育部推荐阅读书目及市面上的畅销童书中符合作者分类方法的书选取了一部分加入表格。编辑补充的书前有星号。——编注

## 用于增加词汇量的书籍

在你的孩子很小的时候,每本书基本上都包含了他可以学习的新单词。随着孩子的年龄增长和阅读技能提高,你可以选一些书籍,促使他不断增加新的词语和短语储备。

| | |
|---|---|
| 开胃小菜 | "漂亮南希"系列,简·奥康纳／著<br><br>当我们的女儿第一次买到这个系列的封面粉嘟嘟、亮闪闪的书时,我们还担心书中的内容只不过是一个充满性别刻板印象的过于可爱的故事。但是,我们可是大错特错!没错,南希确实很喜欢漂亮的事物,包括传统的女孩风格的衣服和饰品。但是她更喜欢的是漂亮的词语!南希从不回避使用高深词语,而且她还会对这些词进行直接定义,解释这些词有哪些更加"华丽"但你的孩子知道的表达方式(例如"翎"就是"羽毛"的更华丽的表达) |
| 饕餮盛宴 | "囧侦探提米"系列,斯蒂芬·帕斯蒂斯／著<br><br>对于小学生来说,这个系列的图书中肯定包含了令人惊叹的词汇量。但当你运营自己的侦探事务所时,这些都会派上用场。你的孩子会很喜欢阅读提米搞笑的不幸遭遇,例如他和最好的朋友北极熊以及一群随行的人类朋友骑着赛格威平衡车在镇上兜风的情节。因为书中有些词比较高级,所以在孩子能独立理解这本书之前,一起朗读是成功的秘诀 |
| 更多选择 | 《恐龙在咆哮!》,保罗·斯蒂克兰德、亨丽埃塔·斯蒂克兰德／著<br>《前100词》,罗杰·普利迪／著<br>《跳跳猫琼斯》,朱迪·沙赫纳／著<br>《文字收藏家》,彼得·H.雷诺兹／著<br>*《三十六个字》,上海美术电影制片厂／著<br>*《成语故事》,中国教育科学研究院学前教育研究中心／编,黄缨等／绘图<br>*《四五快读》,杨其铎／著 |

# 娱乐消遣

你可以和孩子分享的另一种类型的书就是能把他们逗笑的书！你可以选择一些不需要严肃对待的轻松的书，例如笑话书、漫画书等，向孩子传达阅读也毋庸置疑可以是有趣的活动这一观点。另外，由于小书怪热爱阅读的部分原因就是他们将读书看作一种超级有趣的消遣方式，所以你需要让他们尽快理解这一点。

你担心这些类型的书对你家未来的学术之星来说不够有深度吗？那你知道这一点可能会很开心：享受读书的乐趣并不仅仅意味着玩耍和游戏。有研究表明，当全家一起阅读幽默的书时，家庭成员往往会使用更多高级词语来表达更复杂的想法，并参与到高质量的讨论中。因为孩子的语言、阅读和学习能力能从这类互动中收益甚多，所以这些书既有趣，也充满了教育性。我们对此观点表示支持！

## 笑话书

全家一起分享一大堆傻乎乎的笑话时会有多少乐趣令你难以想象！

| 开胃小菜 | 《令孩子们大笑的动物笑话》，罗伯·埃利奥特／著 |
| --- | --- |
| | 我们家的第一本笑话书是在药店等待配药时在礼品区偶然发现的。我们当时以为只会浪费几分钟时间读一读书中老生常谈的笑话以及用双关语构建的小幽默，然后就把它放回架子上。但我们却立刻被这本书吸引了，不得不把它买回家 |

续 表

| | |
|---|---|
| 饕餮盛宴 | 《谜语与大脑难题：挑战聪明小孩的最棒谜语》，鲁斯提·科夫–史密斯／著<br><br>　　谜语把笑话的玩乐性与拼图的逻辑性结合起来，是孩子乘车、在餐厅等待用餐，或者其他坐着没什么事情做时最喜欢的消磨时间方式之一 |
| 更多美味 | 《玛莎说：有趣笑话和谜语》，卡伦·巴尔斯、苏珊·梅朵／著<br>"笑话大全"系列，《美国国家地理儿童版》杂志社／编著<br>《给孩子看的超级史诗宏大笑话书》，韦·温／著<br>*《30000个西瓜逃跑了》，安芸备后／文图，余治莹／译<br>*《幽默笑话大全》，龚勋／著<br>*《笑林广记》，游戏主人／编 |

## 漫画书

你童年时有没有在早上兴奋地翻阅报纸寻找过"有趣的那几页"，或者在一家漫画书实体店交换过超级英雄漫画书？尽管现如今纸质报纸和破旧的漫画零售店基本已经成了古董，你仍然能与孩子分享这一怀旧的经历，包括当前流行的漫画和你最喜欢的经典作品全集。

| | |
|---|---|
| 开胃小菜 | 《凯蒂猫：真好吃！》，乔治·蒙隆戈／著<br>　　与这一本类似的凯蒂猫系列漫画书几乎没有文字，所以你既可以与孩子对它进行生动的讨论，也可以让孩子独自享受图片带来的乐趣。书中的生动图片是对漫画内容的极好介绍，此外，它们通常具有可爱的、容易理解的故事情节 |

续 表

| 饕餮盛宴 | 《加菲猫：逍遥法外》，吉姆·戴维斯／著<br>（以及几乎每一本其后出版的"加菲猫"系列漫画）<br>　　我们的儿子对这只老派的、喜欢千层面的猫非常着迷，甚至还办过一次以加菲猫为主题的生日派对，并把"加菲猫"系列书籍作为礼物送给了他所有的朋友！ |
| --- | --- |
| 更多美味 | 《卡通冒险》，詹姆斯·斯特姆、安德鲁·阿诺德、亚历克西斯·弗雷德里克-弗罗斯特／著<br>《独角鲸：海洋中的独角兽》，本·克兰顿／著<br>《超级尿布宝宝历险记》，达夫·皮尔奇／著<br>《一天就这么过去了：卡尔文与跳跳虎合集》，比尔·沃特森／著<br>*《如果历史是一群喵》，肥志／编绘<br>*《丰子恺儿童漫画集》，丰子恺／绘<br>*《三毛流浪记》，张乐平／著，洪佩奇、韦枫／编<br>*《父与子》，埃·奥·卜劳恩／著 |

## 自省类书籍

担心你自己会厌倦整天看孩子的书吗？读那些能理解和承认自己"是一本书"的书是让你摆脱这一常规的最佳方式。此外，这些书往往都特别有趣！

| 开胃小菜 | 《点点点：迷你纸板书版》，埃尔韦·杜莱／著<br>　　这本书不仅是书，而且更像一种活动道具，阅读这本书会让每个人都感到开心！这本书的每一页都给孩子提供了一种与书本互动的新方法。孩子们可以按压书中的点，把书向一边倾斜，并摇晃它。最棒的一点是，这些点似乎能对孩子们的行为产生反应！ |
| --- | --- |

| | |
|---|---|
| 饕餮盛宴 | 《更多的熊！》，肯·内斯比特／著<br><br>　　我个人认为这是我们家最喜欢的一本书。这本书的内容与一本正在被写的书有关……而且是一本绝对没有熊的书。也就是说，在这本书的"读者"开始要求故事中有"更多的熊"之前是没有熊的。你的孩子会很喜欢在读书的过程中跟着书中的内容一起叫嚷，并看到越来越多的熊出现在故事中（直到事情失控！） |
| 更多美味 | 《我可没想被写进这本书》，朱莉·法拉特科／著<br>《这本书吃了我的狗！》，理查德·伯恩／著<br>《我们生活在书中！》，摩·威廉姆斯／著<br>*《书里的秘密》，周索斓／编绘<br>*《小心，你的书里有只龙》，汤姆·弗莱彻／文，格雷格·阿博特／图，范运年／译<br>*《不要碰这本书》，比尔·科特／文图，方素珍／译 |

# 学习课程

　　另一类书籍也会对孩子的一生产生深远的影响，那就是具有教育意义的解释性书籍。这些书籍可以只包含事实（就像年鉴或百科全书一样），也可以包含一些重要的历史或科学元素，或者单纯向小读者介绍一些基本概念（例如数字或形状）。现在把这些书放在你家里是明智的。那些具有在早期阅读事实类书籍经验的孩子们往往会发现，当自己后来需要依赖这些书作为教育资源时，使用这些书和学习书里的内容很容易。在更广泛的意义上，这些书会帮助你的孩子意识到，如果他有不理解的、感到好奇的，或者希望了解更多的事情，读这些书就能找到答案！

## STEM类书籍

有研究表明，在儿童期早期向孩子介绍STEM（科学、技术、工程、数学）的概念能在之后帮他在上述领域获得更多成功。请留心有趣的科学和数学类书籍，把它们添加到你的家庭图书馆中。

| 开胃小菜 | 《外婆的小房子》，雅内·布朗-伍德／著<br><br>在这本书讲述的故事里，外婆的朋友和家人去她家聚餐。你的孩子可以数一数叔叔、表亲、邻居的人数，以及其他人带来的物品有多少。这本简单、可爱的书会给你们在数字、庆祝和家庭娱乐方面提供启示 |
| --- | --- |
| 饕餮盛宴 | "佐伊与黄樟树"系列，阿西亚·奇特罗／著<br><br>在这套书里，佐伊发现她具有看到魔法生物的能力。当魔法生物需要帮助的时候，她感到有责任照顾它们。但因为魔法生物不会自带说明指南，佐伊需要自己探索如何给它们提供最好的照顾。简单易懂的语言、魔法元素和真实科学的信息（例如，如何用科学的方法进行实验）的组合使得这些书成为介绍STEM学科概念的理想选择 |
| 更多美味 | 《儿童厨房科学实验室：52个家庭友好型实验》，利兹·李·海内克／著<br>《奥尔加与不知从哪里来的臭东西》，埃利塞·格拉韦尔／著<br>"科学漫画"系列，麦克米伦出版公司／出版<br>《热爱数学的男孩：保罗·埃尔多斯不可思议的生活》，德博拉·埃利格曼／著<br>*《我的第一套自然认知书》，何佳芬、刘书瑜／著，步印童书馆／改编<br>*《莱特科学图书馆》，铁皮人／编<br>*《趣味数学百科图典》，田翔仁／编著<br>*《异想天开的科学游戏》，高云峰／著 |

## 基于事实的书籍

做饭、接送孩子、打扫卫生这些事情填满了家长典型的一天，以至于我们往往忘记退一步，享受一下周围的世界有多么令人着迷。像这样的充满信息的书籍能让你的孩子拥有发现新事物的快乐与神奇的体验——而且或许也能帮助你重新捕捉到一些这样的感觉！

| 开胃小菜 | "世界真奇妙"系列，《美国国家地理儿童版》杂志社 / 编著<br><br>　　我们的孩子对这些书很着迷。这些书总在最不经意的时刻破解最奇怪的事实。有一次，我们正帮家里最小的小书怪回忆在动物园玻璃窗后见过的蛇，我们家第二大的小书怪突然插嘴说，"蛇是无法穿过玻璃的"。这些事实都极具吸引力，几乎每次都让你想知道更多。这个系列的书都可以成为交流和网络搜索的起点 |
|---|---|
| 饕餮盛宴 | 《世界上最爱冒险的孩子的地图探险家指南》，迪伦·图拉斯、罗丝玛丽·莫斯科 / 著<br><br>　　这本尺寸极大的美丽图书里描述了很多美国及其他地方的地点，供你的孩子了解。书中对每个地点都配有详尽的插图和有趣的事实描述，所有年龄的家庭成员都会很喜欢读它！ |
| 更多美味 | 《植物博物馆：欢迎来到博物馆》，凯蒂·斯科特、凯西·威利斯 / 著<br>《月亮！地球最好的朋友》，斯泰西·麦克阿诺蒂 / 著<br>《美国国家地理儿童版：小朋友的第一本恐龙大全》，凯瑟琳·D.休斯 / 著<br>《如果你有动物的牙齿》，桑德拉·马克尔 / 著<br>*《海洋里的小秘密》，安娜·索比其·卡明斯卡 / 文，莫妮卡·菲利皮娜 / 图，译邦达 / 译<br>*《昆虫漫话》，陶秉珍 / 著<br>*《中国儿童视听百科·飞向太空》，《飞向太空》编委会 / 编著<br>*《海错图笔记》，张辰亮 / 著 |

## 历史书

无论是对历史事件的精确描述,还是基于现实人物生活的虚构故事,基于现实的书籍对你的小书怪都是非常有趣的!

| 开胃小菜 | 《冲厕所!古往今来的便便史》,查里斯·梅里克尔·哈珀／著<br>便便从未如此有趣……或者如此具有教育意义!这本充满诗意的历史书描述了关于厕所的一切有趣事实 |
|---|---|
| 饕餮盛宴 | *《林汉达中国历史故事集》,林汉达、雪岗／编著<br>这是一套可以讲给孩子的通俗历史读物。两位编著者采用正史记载并参考一般史书的说法,在不违背史实的前提下适当地为历史事件设计了故事细节,用口语化的文字生动地把故事讲了出来。书中的内容既合情合理又通俗易懂,适合孩子们阅读 |
| 更多美味 | "幸存者"系列,劳伦·塔西丝／著<br>《让我们去海盗船上探险》,尼古拉斯·哈里斯／著<br>"生平"系列,凯瑟琳·克鲁尔、凯瑟琳·休伊特／著<br>《平凡而非凡的简·奥斯汀》,德博拉·霍普金森／著<br>"普通人改变世界"系列,布拉德·梅尔策／著<br>*《敦煌:中国历史地理绘本》,苏小芮／著绘<br>*《中国国家博物馆儿童历史百科绘本》,中国国家博物馆／著<br>*《简明中国历史读本》,中国社会科学院历史研究所《简明中国历史读本》编写组／编写 |

## 活动书

这些书中满是拼图、游戏、搜索游戏，以及填空游戏，能够鼓励你的孩子与正在读的内容进行互动！

| 开胃小菜 | 《沃尔多在哪儿？》，马丁·汉福德／著<br><br>　　搜索和寻找类的书是很棒的入门活动书，因为它们不需要掌握阅读技能，孩子既可以和你一起玩，也可以自己玩 |
| --- | --- |
| 饕餮盛宴 | 《艾薇、豆豆和我：一本填空书》，安涅·巴罗斯／著<br><br>　　这本书充满了提示，孩子可以填写关于他自己的观点和经历的回答。这样的书在你们使用时很有趣，而且以后也会成为纪念品。我们的大女儿填完了这本书后，很喜欢回头翻阅之前写过的回答。如果仅仅过了几年就回头翻阅这本书就已经这么有趣了，我们认为随着时间流逝，这本书会越来越可爱！ |
| 更多美味 | 《小手大魔术》，约书亚·杰伊／著<br>《别让鸽子完成这本活动书！》，摩·威廉姆斯／著<br>《简易折纸》，约翰·蒙特罗尔／著<br>"疯狂填词"系列，企鹅兰登书屋／出版<br>《DK儿童瑜伽》，苏珊娜·霍夫曼／著<br>*《猜一猜我是谁？》，赖马／文图<br>*《法国幼儿科学启蒙玩具书》，纳唐出版社／著<br>*《真相只有一个》，保罗·马丁／著，朱洁／译<br>*《I SPY 视觉大发现》，吉恩·玛佐洛／文，沃尔特·维克／摄，代冬梅／译，金波／审译 |

# 故事书

当提到"儿童书籍"的时候，大多数人马上想到的就是故事书。由于故事书确实可能会占据孩子书架上的大部分空间，所以我们把这类书籍放在了小书怪食物金字塔中面积第二大的部分里。几年后你的小书怪无疑会爱上数不清的书，但他会一直记得自己最初喜爱的那几本——也就是我们现在谈论的部分。

最好的故事会包含迷人的角色、难以置信的情节，以及来自人性深处的有力情感。它们能将小书怪带到远方的迷人世界、激发孩子的想象力，或帮助他更好地理解生活中发生的事情。学步期的小孩一大早做的第一件事就是求你给他读这些书。此外，上中学的孩子也会熬夜阅读，兴奋得无法放下这些书。因为这个类别的书籍强大、令人愉悦且有益，你一定会想尽可能找到不同类型的故事书！

## 插图驱动的故事书

有人说一张图胜过一千个词。所以那些让图片来讲故事的书籍包含着非常丰富的内容。

| 开胃小菜 | 《住在树上的萨迪·麦基小姐》，马克·金博尔／著，凯伦·希拉德·古德／绘图 |
| --- | --- |
| | 　　这本书中的图画以其错综复杂的特点为故事增添了巨大魅力，书中还有折叠式插图，以及可以在连续页面上窥视图像的小孔 |

续 表

| | |
|---|---|
| 饕餮盛宴 | 《轮滑女孩》，维多利亚·贾米森／著<br><br>　　这本有趣的书讲述了一个女孩决定尝试轮滑这项扣人心弦的运动的故事，也会激励你的家人进行尝试(或至少简单滑几圈)！我们知道有时候成人不喜欢绘本，而是坚持让孩子阅读"真实的书"。但我们支持任何能让孩子保持阅读的东西，所以给他看吧！ |
| 更多美味 | 《因为》，摩·威廉姆斯／著，安珀·雷恩／绘图<br>"坏小子"系列，亚伦·布拉贝／著<br>《小熊在唱歌》，本杰明·肖德／著<br>《小手套》，简·布雷特／著<br>*《别让太阳掉下来》，郭振媛／文，朱成梁／图<br>*《大山的种子》，董宏猷／著，青时／绘<br>*《金牌邮递员》，郑春华／著，沈苑苑／绘 |

## 文本驱动的故事书

即使很多儿童书都过于依赖插图，但也不是所有的书都这样。阅读缺少外显视觉刺激或图片有限的书籍可以锻炼孩子的想象力，并将他的注意力集中在文字的力量上。

| | |
|---|---|
| 开胃小菜 | 《没有图片的书》，B.J.诺瓦克／著<br><br>　　这本童书中一张图都没有，但包含了很多有趣的内容，你可以用这本书向你的孩子展示文字有多么有趣 |
| 饕餮盛宴 | 《屁屁粉》，尤·奈斯博／著<br><br>　　这本书中有一些时髦的插图，但是文字里也有非常多的搞笑情节，你的孩子可能甚至都注意不到插图 |

续　表

| 更多美味 | 《咔嗒，咔嗒，哞：会打字的奶牛》，多琳·克罗宁／著 |
| --- | --- |
| | 《歪歪路小学的荒诞故事》，路易斯·撒察尔／著 |
| | "故事之地"系列，克里斯·科尔弗／著 |
| | *《我有友情要出租》，方素珍／著，郝洛玟／绘 |
| | *《中国神话故事集》，袁珂／著 |
| | *《小英雄雨来》，管桦／著 |
| | *《格林童话》，格林兄弟／著，杨武能／译 |

## 重大生活事件驱动的故事书

你可以策略性地使用涉及重大生活事件的书籍帮助小书怪应对人生中的重要事件。这些重大生活事件包括处理情绪、发展里程碑、如厕训练、弟弟妹妹出生、过渡到自己睡一张床的阶段、上学第一天、搬新家、离婚、爱的人死亡等。

| 开胃小菜 | 《便盆公主》，诺拉·盖多斯／著 |
| --- | --- |
| | 　　我们在对孩子进行如厕训练时做的最重要的准备之一就是读这本书。在我们读过的大量关于如厕训练的书中，这一本是我们最小的小书怪最爱的。她学会如厕之后好几个月都还要求我们为她读这本书 |
| 饕餮盛宴 | 《等待宝贝》，哈里雅特·齐弗特／著 |
| | 　　弟弟妹妹出生是小书怪生活中的巨大转变，提前读一些关于这一话题的书会给他提供很好的机会，让他在情绪上对自己即将成为哥哥或姐姐这件事做好准备。这本书突出描写了主角见到新生儿时有多么高兴，以及等待一件如此激动人心的事情有多令人忐忑 |

续　表

| 更多美味 | 《傻狗温迪克》，凯特·迪卡米洛 / 著 |
| | 《你感觉如何？》，安东尼·布朗 / 著 |
| | 《我不搬家！》，威利·布莱文斯 / 著 |
| | 《两个鸟巢中最好的一个》，简·克拉克 / 著 |
| | *《有了新宝宝，你还爱我吗？》，卡罗·罗斯 / 著，丹尼尔·豪沃思 / 绘 |
| | *《你从哪里来》，郑渊洁 / 原著，皮皮鲁总动员 / 改编 |
| | *《妈妈，加油！》，陈梦敏 / 文，钟彧 / 图 |
| | *《幼儿园我来啦！》，蓝草帽 / 编，尹艳 / 绘 |

## 拓展朗读

除了享受较短的阅读，我们还鼓励你找一本小书怪感兴趣的稍长一些、更高阶的书，并在一段时间内一起大声朗读。打开一本你们一起读了几天或几周的书就像看一集你最喜欢的电视剧一样——你了解并喜欢书中的主角，很激动地想知道接下来会发生什么。即使是学龄前的孩子也能从拓展朗读中获得乐趣，尤其是当你能在开始阅读每节内容之前提醒孩子这个故事目前为止讲了什么内容，并给他解释混乱的情节和新词语时。

| 开胃小菜 | 《大脚和小脚》，埃朗·波特 / 著 |
| | 　　这本书很长，足以分为很多小节阅读，但书中大量的插图和相对简单的故事情节（讲述了鼠尾草和一个男孩交朋友的故事）让它成为一本很棒的适合提前给孩子朗读的书 |

| | |
|---|---|
| 饕餮盛宴 | "史努比军队"系列，柯克·斯克罗格斯／著<br><br>　　对提前读儿童故事书的小读者来说，这本书很适合他们自己阅读，而且如果能几个人一起阅读，他们会收获更多乐趣！小书怪可以随着书中一个男孩和一个女孩组成的解谜小组的脚步，看他们处理该市有史以来最紧迫的案件——例如是谁在咖啡店的茄汁肉末酱里放了臭虫。这本书包含曲折的情节、可搜索图片，以及需要读者破解的各种线索，从头到尾都很有趣！ |
| 更多美味 | 《了不起的大盗奶奶》，大卫·威廉姆斯／著<br>"纳尼亚传奇"系列，C. S. 刘易斯／著<br>《魔柜小奇兵》，琳妮·里德·班克斯／著<br>《内迪亚德》，丹尼尔·平克沃特／著<br>*《汤姆·索亚历险记》，马克·吐温／著，张友松／译<br>*《小王子》，圣·埃克苏佩里／著，柳鸣九／译<br>*《俗世奇人》，冯骥才／著 |

# 独特兴趣

　　现在我们已经讲到了构成小书怪健康完整"食谱"的最后一组书了。你会看到这是书籍金字塔中面积最大的一类，其他类别的书都在它上面。这是因为这类书异常重要——事实上，没有这些书你是无法培养出小书怪的。对每位小书怪来说，这组书的内容都不一样，并可能包含你能想到的一切类别的书，包括那些被归入上面几类的书。一本书能否被归为这一类别的唯一标准是：你的小书怪是否觉得它有趣！

　　这一类书是培养小书怪的关键。你不仅想让孩子达到学会阅读这一最低标准,还想让他学会热爱阅读。达到这个目的的最好方法就是确保孩子明白,他能在书中找到和探索自己最感兴趣的事情,并在此过程中享受乐趣。思考一下你的孩子不断变化的一系列爱好清单中有什么,并寻找能将这些话题和活动带到生活中的书籍。孩子突然对一个特定话题——例如医生、独角兽、神话故事、宝宝,或者馅饼——特别着迷的时候,就是你带他去图书馆的最佳时机。一旦孩子意识到自己的独特兴趣总能和阅读联系在一起,他就会选择经常去做这件事,并且在这件事方面的水平也会在此过程中变得越来越高。

| 开胃小菜 | 《爱探险的朵拉》,菲比·拜因斯坦 / 著<br>　　对于这本书,我们痴迷于医生的女儿最喜欢的是对特定医疗工具和它们的用途的描述。她甚至求我们给她买真正的医疗工具作为生日礼物! |
|---|---|
| 饕餮盛宴 | "毁灭笔记"系列,特洛伊·卡明斯 / 著<br>　　这个系列的书很适合我们那长期痴迷各种怪物的儿子。这个系列中,每一本书的主人公都是一个完全不同、创意新颖的怪物。书中有很多有趣的故事和大量插图,对小朋友来说也是从阅读儿童故事书过渡到独立阅读长篇小说的很好选择 |
| 更多美味 | 《做一个明星,神奇女侠》,迈克尔·达尔 / 著<br>《艺术家泰迪熊》,安德烈亚·贝蒂 / 著<br>《不完全是独角鲸》,杰西·西玛 / 著<br>《独角兽塞尔玛》,阿龙·布拉比 / 著<br>《怪兽制造机》,基思·格拉费斯 / 著<br>*《启功给你讲书法》,启功 / 著<br>*《京剧常识手册》,涂沛、苏移等 / 著<br>*《中国古代衣食住行》,许嘉璐 / 著<br>*《十万个为什么》,韩启德 / 总主编<br>*《中国古建筑二十讲》,楼庆西 / 著 |

## ※ 不要在意"阅读水平" ※

尽管许多学校发现，给同一个教室的孩子分配特定级别的书籍是很有用的，但我们请你在家里不要以类似的方式限制你的小书怪。限制儿童的书籍选择可能会产生意想不到的影响，也会限制他们的阅读兴趣。如果你家的小书怪能持续探索和学习，他就能在接触各种书籍（不管是高于还是低于其年龄水平的书籍）的过程中获益。

如果孩子想读超过自己阅读水平的书，我们建议你鼓励他去读！他可能会理解得很透彻，让你大吃一惊。如果他自己读不懂，你也可以与他一起阅读困难的章节。与此相对，如果他想看一本针对更小的孩子的书，谁会在意呢？读书总比不读书强。只要他选择去阅读，并享受这个过程，这就是一件积极的事情。

我们家最爱的阅读回忆都来自对特定年龄阅读推荐的反抗。在我们初为人父母的时候，我们会给孩子读一些别人看起来适当的书（简单的图画书），或者难度过高的书（更加复杂的书籍）。尽管我们刚出生的孩子还不理解书中的词语和情节，但她会躺在我们边上，眼睛盯着书，并在我们讲故事的时候兴奋地踢腿。

孩子从低于自身阅读水平的书籍中也能有收获。我们家最大的两只小书怪即使已经能独自阅读长篇小说，但也仍喜欢偶尔坐下来，听我们给他们的小妹妹读基础的图画书。尽管你可能觉得孩子从这样的阅读中学不到什么，但他也一定会享受一家人挤在一起读自己曾经最喜欢的书的经历。

# 第十四章　小书怪的名字有魔力

　　我们给动物起的名字有不同的功能。例如，"裸鼹鼠"这个名字描述了一个物种的模样，我们给宠物起的名字让它知道我们何时在对它说话，而小书怪的名字可以起到最有力的效果——激励孩子发展出对阅读的巨大兴趣。

　　想知道如何达到这一目标吗？其实很简单。你的名字在你的一生中都是一个极其特殊的词语。在四个月大的时候，婴儿就已经能够识别出自己名字的声音了。而且因为这个特殊的词常常出自爸爸妈妈、哥哥姐姐和其他婴儿所爱之人口中，它对婴儿来说就像一张温暖的、令人安心的毯子，让婴儿随时准备与其依偎在一起。

　　这可以帮我们解释为什么随着年龄增长，我们往往会被名字与自己相似的人或事物吸引。没错，无论你是否意识到，你都越来越倾向于选择那些名字和你的名字重合度高的事物。我知道，我们俩就是这样的。安珀（Amber）点餐时，会更经常选择琥珀啤酒（amber beer），而不是金色啤酒（blonde beer）或棕色啤酒（brown beer）。安迪（Andy）可能会说安迪·考夫曼（Andy Kaufman）是自己最喜欢的喜剧演员。而且在现实生活中，这个效应也非常强烈，有很多人会和名字与自己的名字相似的人结婚。所以可能安珀·N.阿吉亚尔（Amber N. Aguiar）[1]和安德鲁·M.安科夫斯基（Andrew M. Ankowski）[2]结婚并生了很多小书怪可能并不是巧合。

## 从名字里的字开始

因为名字非常有趣，也有影响力，你可以用它激发孩子对一些事情的兴趣，例如拼写、阅读、写字——即使他从前并没有对这些活动表现出太多兴趣。有研究观察了英语国家的父母与孩子谈论字母的方式。研究结果表明，当谈话内容包括孩子名字中的第一个字母时，谈话持续的时间明显更长，孩子的参与度也更高。这很酷，对吗？如果小明听你讲"晴朗"这个词的含义时打起了呵欠，那么，如果你换个角度，告诉他"明朗"这个词与"晴朗"的含义相近，他可能马上就会兴奋起来。谈论你的小书怪的名字会让关于词汇的话题变得更加个性化、更加有趣，对读写能力的提升也更有益。研究

---

[1]　本书女作者的婚前全名。
[2]　本书男作者的全名，夫妇俩的名字很像。

人员甚至发现，在孩子三四岁时，如果父母用孩子的名字来激发关于字母的互动，那么在从幼儿园毕业时，他的阅读能力会更好。

一旦孩子意识到，自己名字里的字是"属于"自己的，他会很开心地到处寻找这个字。他会饶有兴致地探索这个字的发音，以及哪些词里也有它。孩子能搜索到的词可能包括动物、食物，或与他分享了一些特殊事物的人们的名字。所以，在你与孩子讨论词汇的时候，请确保把"属于"孩子的字当回事，告诉他这是非常、特别、极其重要的！

## 名字，随处可见的名字

当你用孩子名字里的字把他吸引住以后，你可以转而培养他对其他事物的热情。不要在这里停下来，因为小书怪很喜欢用他的名字押韵或玩各种各样的语言游戏。关于如何帮助你的孩子，让他痴迷于自己的名字，以下是一些具体的方法：

### 试着用名字作为引导

你与孩子在车里的时候，可以玩我们之前提到的找词游戏，但请不要在你经过的标志、汽车和建筑物上寻找某一类词，而是寻找包含你家小书怪名字中的某一个字的词。如果孩子的名字很短，这个游戏结束得太快了，你也可以用姓氏进行游戏。这个游戏会帮助孩子了解自己的全名，并熟悉更多的字词。

## 读一些包含孩子名字的书籍

很多儿童读物都会突出书中主角的名字,有时会将其放在封面上。如果你能在一本书中找到你的小书怪的名字,这肯定能引起一些人浓厚的兴趣。标题中带有我们每个孩子名字的书我们拥有至少各一本,孩子们也特别喜欢这些书。即使这样的书中的内容并非你曾读过的最棒的故事,你的小书怪仍然会兴致勃勃地把自己想象成书中的主角之一!就算你找不到一本标题中包含你孩子名字的书籍,你也可以快速地通过网络检索一下在哪里可以获取定制服务,现在有很多公司都可以提供定制个性化书籍的服务。

## 使用很多很多标签

孩子看的字母和词语越多,他对这些内容就会越熟悉,面对它们时也会更自如。如果你要给孩子买一些东西,例如午餐盒、T恤、抱枕或墙纸,你不妨看看是否能买到个性化的版本。我们给孩子们买过的最酷的东西就是印有他们名字的梯子。因为梯子可以让小个子变得更加有能力——能够拿到玩具、够到水槽或者妈妈的手机——所以当他们每次使用梯子的时候,这种积极的感受就会与阅读联系起来!

## 写下姓名列表

如果你的孩子偶尔会有一点点分享困难(几乎所有孩子都这样),你可能会想尝试一下这个基于名字的解决方案。与其一遍又一遍地喊叫着让孩子们轮流坐滑梯，你还不如快速写下一个姓名列表，标明他们坐滑梯的顺序。当一个孩子拿着列表，试着弄清楚谁是谁，以及什么时候轮到他时，他也能更多地接触自己的名字。另外，把顺序写在纸上意味着你在以某种方式使它更正式，你可以借此赢得孩子们的尊重。

## 像真正的艺术家一样签名

专业的艺术家不会只画一幅画就收工，他们首先会在艺术作品上签上自己的名字！所以，你可以鼓励孩子在他创造的"杰作"上签名，例如签上潦草的线条、字母，如果他能写出来，也可以签上全名。安珀的奶奶是一名狂热的画家，有时候会给孩子们上课，她在这方面非常有一套。在为我们的小"毕加索"们准备好画布、颜料，并讲授为他们的作品增加真实感的技巧后，她总是递给孩子们一支记号笔，让他们在角落里签上自己的名字——无论他们签的名有多大或者多小。

## 把名字放入音乐中

我们家喜欢"暴力"地修改歌曲，然后放入各种我们自己编的歌词。修改后的歌曲中最受欢迎的是以我们孩子的名字为主题的作品。一些比较经典的歌曲例如《一闪一闪亮晶晶》《一分钱》有着脍炙人口的旋律，即使更换一些关键词也比较容易维持调子。所以让警察叔叔稍微休息一会儿，时不时把一分钱交到别人手里吧。

### 做一个姓名拼图

在商店买的字母拼图（例如在"小书怪的玩耍时间"一章中提到的那种），对于提升孩子的空间发展、问题解决，以及早期阅读能力很有帮助。为了给这一活动增添个人色彩，你可以尝试自制一些对你的家庭有特殊意义的词、短语或句子的拼图，例如用小书怪的名字做拼图！找一些结实的卡纸或硬纸板，把孩子的名字写在上面，并按照你喜欢的方式进行装饰，然后把它剪成拼图形状的碎片。让你的孩子开始拼起来吧！

### 在演职员表上找到你的名字

我们家去看电影的时候喜欢待到最后把演职员表都看完（当然这不仅是为了看最后有没有彩蛋）。我们最喜欢的就是扫视屏幕上滚动的文字，找到名字和我们自己的名字相同的人。一旦有人在演职员表上看到了某个家庭成员的名字，他就会指着它大叫，让我们所有人都看到。有时候，这个活动甚至比电影本身更有趣。

## 姓名帮助小书怪阅读和写作

在小书怪的一生中，最值得注意的与名字有关的里程碑是学会拼读和书写自己的名字——你永远不知道孩子们什么时候会把这些碎片拼在一起，开始做这件事。当有一天我们的儿子跑到我们面前，拿着一本他从头到尾看过一遍的玩具目录，在一页又一页上标出他想要的所有新装备时，我们大吃一惊。这个孩子之前从来没有写过任何一个字母，突然之间他就在目录的几乎所有玩具上都画了个圈，并用自己名字的第一个字母打上了记号。很显然，要让他开始写自己的名字，只需要合适的动机！

在你家小书怪的成长过程中，当这样的事情发生时，请你确保自己会花些时间真正地庆祝一下。他像个大孩子一样在阅读和写作，这是多么伟大的一件事啊！别担心他写的字非常笨拙，或者他把名字乱七八糟地写在了纸上。孩子会很快学会如何书写自己的名字，不久后就会向你借车去约会。我们好像已经找到了一个小小的切入点，但重点是，请享受你和你的小宝贝在一起的每一刻，不要忘记尽可能多地欣赏他成长过程中的每一个小阶段。只要你做得到，请尽可能地利用孩子的名字来促进他对阅读和写作的积极情感！

# 第十五章　小书怪喜欢哈哈大笑

　　鹅可能看起来傻傻的。鬣狗可能会笑。猴子可能看上去特别有趣。有幽默感对小书怪来说也相当重要。这不仅是因为笑话对你家里的每个人来说都很有趣,还因为笑话的内容经常充满了发人深省的转折和睿智的文字游戏,最终可以让你的孩子学到很多非常宝贵的语言知识。

　　你觉得我们在开玩笑吗? 我们可是超级认真的!

　　虽然孩子的玩笑都很傻(很显然,我们的玩笑也很傻)这一点不可否认,但它们也能聪明得令人惊讶。举个例子来说:

　　　　问题:为什么蚕宝宝很有钱?

　　　　回答:因为它会结茧(节俭)!

大多数成人读完就会马上看出其中的文字游戏，并意识到这个笑话的内容和结构给了它让人发笑的能力，他们或许还会点点头，礼貌地笑笑以示回应。而另一方面，你的孩子则会乐此不疲——他会捧腹大笑，兴高采烈地重复这个笑话，并让整个屋子都充满他的笑声。

当年幼的孩子由于这个笑话而大笑时，让我们停下来想一想，为了使这一幕实现你的孩子必须理解些什么。首先，他需要意识到你说的内容中有错误（或者至少是不同寻常的）。其次，他需要知道你是故意这样说的，而不是偶然的口误。然后，他还得意识到你这样做是为了逗他笑。最后，他需要理解你故意说的这个不寻常的事情很有趣是因为人们生活节俭时会省下很多钱，而"结茧"和"节俭"这两个词是同音的。

我们知道这些分析对于一个简单的小笑话似乎是不必要的。但是意识到这一点很重要：每当你的孩子听到一个笑话，他的大脑就在闪电般快速地进行上述所有分析。由于笑话是非常好的脑力锻炼，有研究表明幽默感更强的孩子在智商、创造力、语言和读写能力方面的得分更高也不足为奇了。

另外，不论是吃晚饭时的聊天、在商店排队，还是晚上一起缩进被窝学习阅读，当你在这些活动中加入一些笑话的时候，任何事情都会变得更加有趣。当你向孩子介绍书中内容和讲授语言技能的时候，请记住这一点。你们玩得越开心，你的孩子对此会越感兴趣，而且他最后就更有可能学到更多知识。有研究表明，与严肃的课程相比,有趣的课程更容易让人记住。

你是否对幽默的好处深信不疑,但又担心自己不那么幽默?好吧,这可能是因为你确实不幽默。(我是开玩笑的……除非你真的不幽默。如果确实如此,那它就是一句有洞察力的评论。)但事情是这样的:你并不需要讲一段包袱紧凑的持续20分钟的单口相声,给你的孩子来几段俏皮话,从而展示你独特、深奥且充满观察性的幽默。孩子的玩笑是比较公式化的,很少需要掌握时机或有技巧地抛出包袱,也很容易通过网络检索或图书馆幽默专区的书籍找到资源。因为孩子是非常配合的观众,所以无论如何,他必然会喜欢你讲的笑话。我们知道这一点,是因为安珀几乎是全世界最不会挠痒痒的人。但是不知怎的,每当她在孩子们身边摇晃着她那很失败"痒痒指"时,孩子们仍然会高兴地笑个不停。所以当你尝试戳中孩子的笑点时,你的孩子也一定会捧场的!

这里有一些让你的小书怪在每个年龄段都能笑得很开心的方法。

# 0～2岁

在你的小书怪2岁以前时,肢体喜剧是你们欢笑的最佳来源。尽管去做任何夸张的、基于动作的、让你看起来特别搞笑的事情,例如倒立、从腋下吃葡萄、像小鸡一样"叽叽"叫。

看到这么小的婴儿就能对喜剧有所反应,你一定会大吃一惊——他们甚至能自己创造一些喜剧情节。在5个月大的时候，婴儿就已经能感受到荒谬的事情有多搞笑了。到8个月大的时候，婴儿就能创造自己的笑话了，例如做鬼脸或发出噪声、给你一样东西然后把它抢走、假装打瞌睡，或者出现一些诸如把鞋子放在手上的匪夷所思的行为。

孩子觉得滑稽的恶作剧很有趣（而完全不可怕）的一个主要原因是，他在你身边插科打诨时你脸上往往洋溢着笑容。而且由于孩子生来就具有社交性，他能读懂你脸上代表快乐和欢笑的表情，注意到让你微笑的各种事情，并自己发展出一种幽默感。

# 2～3岁

当孩子2岁的时候，他已经积累了一些重要的语言技能。他即使不会说太多话，但也能理解听到的大多数语言。这意味着口头的笑话能开始给他带来大量欢声笑语。他甚至可能会开始创造自己的笑话——这就更有趣了！

孩子能理解的一些最简单的笑话基本上都是谎话。你可以尝试说一些全家都知道不是真的的事情，哄孩子笑。例如：

◎　"今天天空是可爱的绿色，对吧？"

◎　"晚饭取消了，因为可恶的雪人把厨房里的东西都吃光了！"

◎　"今天晚上你来哄爸爸妈妈上床睡觉！"

# 3~4岁

在孩子们3岁的时候，他们就开始能够欣赏语言的声音了，也就是说他已经发展出语音意识，这一点我们将在"让小书怪掌握英语语音"这一章提到。多亏了这种注意到声音的新能力，孩子们知道了一些词语是押韵的，而且把一个字换成和它押韵的另一个字会很搞笑。这会给家庭带来一个新类型的玩笑。"请递给我意大利面和'肉盘'（原本应该说'肉丸'）！"

给这个年龄段的孩子分享一些简单、结构化的俏皮话能帮他开始意识到一个典型的笑话是什么样子的，并开始自己创造一些类似的笑话。

# 4岁以后

随着孩子们的语言技能进一步发展，他们会开始欣赏词语中更多的细微差别，以及与之相关的一些笑话。这时，同音字、同义词，以及多义词都会成为孩子的喜剧节目中的一部分。所以，当你问"什么鱼会花很多钱？"的时候，他会带着非常可爱的微笑告诉你："金鱼！"

对很多词有不止一个含义这一事实的理解会在小书怪开始阅读时帮助他。无论何时，当你看到一个词语，你的大脑就会快速搜索所有与之相关的含义（例如尖锐的、衣着华丽的、聪明的、音调高的），并解码哪一种含义最符合当前阅读的内容。带有画龙点睛之语的笑话会强迫你思考词语的多种含义，而且能够给小书怪提供绝佳的练习机会，让他开始更好地理解自己阅读的内容。噢，如果你觉得关于鼻屎的笑话放在本书中太恶心，那换成鼻涕也行。

## ※　小书怪也喜欢谜语　※

如果你的孩子对笑话不满足，你可以试着也给他提供一些谜语！谜语和笑话有很多共同点——经常要求你有创造性地思考，并理解词语中的巧妙游戏。笑话能快速简单地让听者大笑，而谜语会给听者提出挑战，让他使用逻辑和问题解决策略，尝试自己找到问题的答案。想清楚一个谜语的答案有时候会花一些时间，因此它很适合被用来帮助孩子享受激活大脑带来的获益，而你也可以享受一些你所需要的宁静！

# 第十六章　小书怪有"两条舌头"

蛇有一条尖端分叉的舌头，让它们可以精准定位气味的来源。狐猴用舌头下边的第二条小舌头清理并吃掉自己伙伴身体上的虫子。而小书怪也有两条具有特殊力量的舌头。小书怪与他只有一条舌头的亲戚有着许多相同的语言和识字技能，但同时，他还具有说不止一种语言的能力！

由于有两条舌头的小书怪会得到更多的语言训练，他经常展现出更强的能力。这些能力帮助他学习如何阅读、思考，以及如何在以下几个方面远远超过学校要求和其他孩子：

## 元语言技能

无论你有几条舌头，"元语言技能"这个词说起来都很拗口。它的基本含义是指接触多种语言的词汇和语法时会洞察到的语言的一般运作方式。当你具有这样的理解力时，你在未来就可以越来越轻松地学会越来越多的语言。你见过精通7种语言的人吗？元语言技能会让这件事成为可能！

理解语言的运作机制对儿童阅读也有帮助。毕竟，学习如何阅读就如同学习一门全新的语言。掌握口语需要孩子学习一系列代表世界上各种事物的词，然后用它们组成句子，从而与人进行沟通。学习阅读需要孩子记住一系列代表他已经知道的声音的符号，然后把这些符号放到一起，构建有意义的组合。

### 注意和记忆能力

当懂得两种语言的孩子讲话的时候，他必须专注于所讲语言的正确规则，并在心理上压抑他知道的其他语言规则。换句话说，他的大脑会非常辛苦地工作。有研究表明，对所有年龄的双语者来说，他们付出的额外努力都会带来收获。双语者能在基本的认知技能上表现出优势，例如关注相关的信息、遵守规则，以及在不同任务中无缝切换。这些技能在学校、工作和关系领域都是宝贵的。

### 终身大脑健康

幸运的是，大脑健康问题在很长时间内和你的小书怪都不会有什么关系，但这是一项很酷的福利，我们无论如何也要提到它。有研究表明，掌握双语可以将痴呆症和阿尔茨海默病的发病时间推迟大约5年。老人经常被建议做一些填字游戏或其他脑力游戏以保持大脑的健康和敏锐,当你想一想这一事实,上述研究的结果就很好理解了。会说双语的人在沟通时会自然地在认知层面付出更多努力,也就会自动得到更多锻炼大脑的机会。现在你有了一个可以维持终身的理由去学习第二种语言了!

## 从娃娃抓起

如果你想让小书怪获得说多种语言的全部益处,以下是我们的建议:不要等待。一般来说,年幼的儿童会比成人更擅长学习一门新的语言。你可以看看有关这一主题的大量研究文献中的任何一篇,它们都会告诉你相同的事情。无论学什么语言,学生接触语言的时间越早(理想状态下,在8岁之前),对语言就越精通。如果你等到十几岁才接触一种语言(美国的中学会在此不佳时机开始要求孩子们上外语课),学到的语言技能水平会大幅降低。此后,祝你好运,amigo①。尽管一些人可能展现出令人印象深刻的能力,可以在退休期间学习一门新语言,但他们是个例,这种情况并不普遍。

小朋友学习第二语言能成功,一部分原因要归结于生命早期惊人的先天语言学习过程。出生以后,孩子能够听到全世界所有语言的不同声音。换句话说,他时刻准备着学习遇到的任何语言。但

---

① 原文为西班牙语,意为"朋友"。

是，就在父母帮他吹灭第一根生日蜡烛的时候，事情发生了一些奇妙的变化：孩子开始只关注他每天听到的语言，而不再能区分与这一语言不相关的发音。就在这个时候，日本和韩国的宝宝无法再感知 / l / 与 / r / 的区别，因为这两个音在他们的母语中无法表达具有语言学意义的差异。无论你是否相信，说某种语言的人识别不出某种发音的情况确实存在，因为这些发音与他们的母语不相关。

然而，接触多种语言的孩子会保持区分与这些语言相关的发音差异的能力，让自己更容易学习和掌握它们。有研究表明，孩子甚至不需要听到一种语言的很多部分，就能够继续保有区分相应独特发音的能力。例如，一项研究探索了当母语为英语的美国宝宝听一个人用汉语读书、玩玩具的时候会发生什么。当在4周的时间里仅仅累计听了5个小时汉语以后，美国宝宝就保持了区分汉语语音差异的能力——而这一能力在正常情况下会慢慢丧失。

即使儿童期是学习第二外语的最佳时期，但这一过程仍然不轻松。想抚养双语小书怪的父母需要明白，相比于只学习一种语言，学习两种语言是更难的任务，所以需要付出时间、努力和耐心。因为孩子需要积累两次词汇、掌握两个语法系统，因此，相比于只学一种语言的儿童，学多种语言的儿童往往需要更长的时间达到相同的语言发展水平。而且，当母语很流利的孩子开始学第二语言时，他可能会经历其他困难和挑战，例如在开始掌握第二语言时说母语突然也开始出错。

有些特定的情况能使学习第二语言的过程稍微轻松一些。一

一般来说,在下列情况下,孩子学习第二语言会更加成功:

### 有更多人说这种语言

孩子天生就是具有社会性的,身边说某一种语言的人越多,他就会越想说这种语言。另外,听不同的人讲这种语言也让孩子们更容易学会它。听到不同的人说出同一个发音和单词带来的声音多元性能帮助第二语言的学习者理解并自主发出这些声音。

### 孩子听得多

本书中,"召唤小书怪的完美方法"这整个章节都在描述与孩子交流对建立语言和读写技能的重要性。这一点对第二语言的习得同样重要。孩子听一种语言越多,他学得就越快。同时,孩子需要持续听这种语言来保持这一能力。

### 在高质量互动中应用这种语言

研究表明,孩子能很好地从现实生活对话中学习语言,但通过看非互动式的电视节目学习语言的效果就不那么好。记得那个让美国宝宝一直听讲话者用汉语对话、玩玩具的研究吗?这些研究者还做了另一组实验。他们另外找了一组宝宝,让他们听完全相同的语言和内容,不过这一次是用录像带播放这些内容,而不是让真人说。观看录像的宝宝最后没有记住汉语的声音。所以,请确保你的孩子在面对面交流中接触新语言,与真人交流和通过视频聊天都可以。

### 孩子有学习动机

一些第二语言的学习者比其他人更有动机，这对他们的成功也非常关键。一般来说，当学习一种语言是为了与他人交流，而不是为了在班里获得好成绩、获得家长的认可，或其他不相关的理由的时候，学习者会有更强的动机。

## 对双语家庭的建议

如果你的家庭已经说不止一种语言了，那太棒了！你们在家进行的所有交流和阅读都会让你的孩子学习第二语言更加容易。这是因为不同语言的很多规则都是一致的，例如对字母能代表语音，以及不同语音混合在一起能形成新的发音的基本理解。所以，请储备一些用你们在家说的多种语言撰写的书籍，并经常使用它们吧！你们用任何语言进行交流、大笑、教学、创造回忆的每个时刻，最终都会增强孩子用所学的所有语言进行阅读和表达的能力。

## 对单语家庭的建议

你担心只说一种语言很 no bueno[①]吗？别慌！即使你们家不是双语家庭，你也仍能通过鼓励小书怪学第二种语言得到一些收获。

---

① 一个英语与西班牙语混杂的美国俚语，bueno 在西班牙语中意为"好"，no bueno 则被用来表达"不好"。

你可以找一找社区课程、从图书馆查查有关学习语言的录像带、下载学习语言的应用程序，甚至可以给你的孩子报专业的语言班。各地的资源差异很大，你可以找找你家附近都有什么！

在决定了让孩子学习什么语言之后，尽可能多地让你的小书怪练习非常重要。你可以找一找身边有没有哪些家庭、朋友、邻居、同事、孩子在学校的朋友的父母愿意与你的孩子用这种语言交流，或者有没有可以和你的孩子对话的人。用这一语言进行随意的对话是最好的练习方式，而且这也向孩子展示出将学到的知识应用于与真人互动有多么令人激动。

你也可以通过创造一些以第二语言为线索的冒险！你可以在当地寻找能锻炼小书怪第二语言技能的地方。努力攒钱，全家去一个可以沉浸在该语言环境中的地方度假。或者你们可以只是去一个能够让你们享受异国风情的餐厅吃饭，在那里享用使用孩子所学语言的国家的食物，让孩子尝试用该语言点菜。这些冒险中的任何一个都能为提高小书怪的技能、保持他的积极性创造奇迹。而这确实是很magnifico①！

①　西班牙语，意为"了不起的、宏伟的"。

# 第十七章　让小书怪掌握英语语音

奶牛"哞哞"叫，小猪"哼哼"叫，小羊"咩咩"叫，公鸡"喔喔"叫。小书怪会发出什么声音呢？这些喧闹活跃的生物会大叫吗？会发出呼噜声吗？或者会发出低吼声吗？不！小书怪最喜欢发出的声音都与语言有关。我们要谈的是英语中的这些语音技能：

◎　字母的名字和发音

◎　押韵

◎　押头韵

◎　把单词分解成单个的发音

◎　将字母发音结合在一起

这些技能的共同点是它们都能展示出儿童处于发展过程中的英语语音意识，或者识别语音的能力。例如，当孩子意识到hot（热）和pot（锅）两个词押韵的时候，他就展示出自己理解了这两个词结尾的发音一致。当他能够辨识出stop（停）、skip（跳过）、soup（汤）的开头字母都一样时，他就展示出自己理解了这几个单词开头字母的发音相同。当孩子在房子里跑来跑去，大喊着"Hot pot poop soup, hot pot poop soup."①，他就是在提醒你，你早该去参加一个没有孩子的约会之夜了。

有研究表明，在孩子们学习如何阅读的过程中，语音意识是最重要的两种能力之一。（顺便说一下，另一个能力是积累大量词汇。）孩子们掌握这一能力很重要，而且与你在本书中读到过的很多建议不同，孩子理解语言和单词发音的过程需要一些来自你的直接指导。

你现在是否感到惊慌？你可能本以为自己不需要提供任何指导，现在却要教孩子一些东西。而且你可能完全没有准备好，甚至不知道如何让孩子记住便后洗手，更不用说让孩子在这种听起来技术性很强的语音意识指导中吸收知识了……放轻松！不管你信不信，你已经知道如何教孩子很多事情了。（不然他是怎么知道各种动物会发出怎样的叫声的呢？）另外，无论对你还是对你的孩子，我们要向你展示的内容都不像是无聊的课程。请记住，你要像共同阅

---

① 这句话由两组两两押韵的词构成，作者想要表示孩子在能说出押韵的词时语音意识就达到了较高水平。

读时那样与孩子们练习语音技能。交谈、大笑、微笑，如果事情不再有趣，做点别的事情。所有小书怪在学习阅读时都有自己的节奏，所以没有必要把这样的教育理念推进得太急或太早。相反，你在与孩子一起玩的时候融入一些自然的指导就可以了！

## 说出字母的名字和发音

对于每一位未来的英语书读者来说，学习字母的名称和发音都是绝对必要的。这就是为什么帮学生掌握基本阅读技能的小学老师会如此强调这一点。但是，别把孩子的英语课完全交给学校。儿童对教育性概念的理解可能比你以为的更早发生。如果父母在家里就引入这一过程并提供支持，孩子的技能会发展得更快——无论孩子的年龄多大、处于哪一年级。

你到底该如何做呢？除了经常唱那首耳熟能详的字母歌，还有一些别的方法：

### 玩字母玩具

一个让孩子学习字母的好方法是买一些基本的字母玩具，例如字母拼图，或者你们经常用得到的字母冰箱贴。试着把你的谈话集中在稍微超出小书怪认知范畴的概念上。例如，如果你很确定小书怪已经知道了字母A、B、C，那就把谈话内容引向D和后面的字母。你会发现随着时间的流逝，你们的对话会自然地变得越来越复杂，孩子的技能也会慢慢提升。

### 在阅读时谈及字母

在给孩子读带有英文的书时，你可以偶尔暂停并评价一下书页上的字母和单词。书的标题、图片上出现的文本等显眼的字词都是容易采取这一策略的对象。在家庭阅读的过程中，你也可以发出书里的英文单词中包含的字母的发音，问问孩子这是哪个单词，最后请他给你读一遍这个词，自然地展开对话。

### 也用其他方法谈论字母

当我们开始向我们的小书怪介绍字母的时候，我们意识到自己几乎只给孩子们展示大写字母。但那并不是全部。你可以扩展交流内容，把字母的以下几个部分纳入谈论范围：

1. **小写字母**。因为大多数英语书籍中包含的小写字母比大写字母多很多，所以孩子们也需要学习这一部分。你可以找一些同时包含大写和小写字母的字母拼图和玩具，这样就可以很容易地在玩耍的过程中把它们融入对话。《昏昏欲睡的小字母》一书别出心裁地把小写字母描述成宝宝，而大写字母则是爸爸妈妈。这种看待字母的方式非常适合我们家，因为我们发现，当我们的孩子开始学习字母表的时候，使用"爸爸妈妈"字母和"宝宝"字母这种"术语"进行描述很有帮助。当孩子最终需要知道正确的说法时，这种"亲子配对"也表明同一个字母的大写和小写属于一组，是相同事物的较大和较小的版本——即使它们有时候看起来完全不一样。

2. **单词发音**。仔细想想，知道一个字母的发音比知道这个字母的名字重要得多。这就是为什么我们会同时把字母的名字和发音教给孩子——无论何时，我们提到一个单词的时候，都会尽可能多地使用与之相关的发音。例如，每当我们的孩子把字母拼进拼图时，我们就会说："那是一个字母B，它的发音是buh。"我们也会经常讨论以每个字母开头的单词有哪些，再请孩子们想一想更多的例子，以拓展这部分信息。因为知道字母的发音在决定孩子们成功学习阅读的过程中十分关键，你需要尽可能多地提起它们。

3. **字母组合**。在一些时刻，当你对字母的发音进行了大量讨论，并且练习了单词发音以后，你会发现仅仅知道单个字母的发音是不够的。英语中一些字母组合的发音非常不可预料，例如ph、ch、sh、th以及oo。所以当你们在文本中碰到这些组合的时候，你需要明确地告诉孩子它们的发音。与练习单个字母的发音一样，在练习这些组合的发音时，你也可以请孩子帮你想出一些包含这些组合的单词，或者让他猜测你想到的单词中包含了哪些字母组合。

## 押　韵

在普通儿童读物中发现各种押韵例子的经验可以给孩子带来非凡的阅读和拼写技能。20世纪80年代，研究者发现儿童对童谣的熟悉程度和阅读能力之间存在密切关系，也就是说，在3岁时知道更多童谣的孩子到了6岁时会具有更高水平的阅读能力。

你也可以利用英语童谣帮助孩子发展英语阅读能力。杰克与吉尔以及某位住在鞋子里的老太太①的事迹是否有特别的教育意义呢？或许不会，因为阅读的获益与童谣内容的联系较少，而与韵律的本身相关程度更高。这一点很令人安心，因为现如今人们已经不太唱童谣了，而且很遗憾，有很多童谣的内容都已经过时了。就像，在有人教乔治·波吉同意的含义之前，他可以亲吻并弄哭多少个女孩②？以及，为什么吃南瓜的彼得要把他的妻子放在南瓜壳里③？如果你对这些奇怪、过时的内容感兴趣，希望读到更多，你可以去看一本童谣选集，例如《鹅妈妈童谣集》。

如果你对此感兴趣，希望通过在家里增强英语的韵律感来帮助孩子调整英语语感，你可以试试下面的方法：

### 朗读押韵书

很多很棒的童书的文字都是押韵的，例如《晚安火车》，以及苏斯博士写的所有书。通过给孩子读这种书籍这样简单的方式，你会让孩子学到重要的关于英语发音的知识。

---

① 《杰克与吉尔》（*Jack and Jill*）和《住在鞋里的老太太》（*There was an old woman who lived in a shoe*）是两首英语童谣。
② 英语童谣《乔治·波吉》（*Georgie Porgie*）中的情节。
③ 英语童谣《彼得，彼得，吃南瓜的彼得》（*Peter Peter Pumpkin Eater*）中的情节。

### 唱押韵的歌

很多经典的英语童谣都押韵，例如"Twinkle, Twinkle, Little Star""Head, Shoulders, Knees and Toes"，以及很多其他歌曲。押韵的歌曲可以一遍又一遍重复地唱，给孩子机会思考歌曲中的押韵元素。

### 和玩偶一起玩

假装玩偶或毛绒玩具有一个可以押韵的名字，并想出一些和它们的名字押韵的单词。一开始，你可以与孩子一起想押韵的单词，例如："这是Joe（乔），他喜欢和他的名字押韵的单词，例如no（不）和go（走）。让我们想出一些单词，并看一看他是否喜欢这些单词吧！"当你的孩子掌握了韵律的窍门，你可以把识别出正确的押韵词变成一个游戏："Joe会更喜欢哪个单词呢？slow（慢）还是pan（锅）呢？"

### 寻宝游戏

在你家附近开启一次押韵寻宝游戏吧！一开始，你们可以一起在附近走走，找一些押韵的事物。一旦你的孩子可以独自完成这个游戏，你就可以在其中增加一些竞赛的元素，例如让孩子尽快带回一对名称发音押韵的物品。预备，开始！

## 创造韵律

你可以自己用英语写歌、打油诗、说唱歌词，然后与孩子一起表演！这会给孩子们带来一节真正有纪念意义的押韵课，也给父母一个绝佳的借口来展示自己当年的 B-box（节奏口技）技术。

# 头 韵

在英语中，以相同字母发音开头的单词是押头韵的，例如 temper tantrum（大发雷霆）、stop screaming（别再叫了），以及 "Clean this colossal collection of clutter, kids!"（孩子们，把这堆乱七八糟的东西清理干净！），这是英语中的一种修辞方法。当你听到一组押头韵的单词时（或准押韵，也就是只有元音重复，辅音不重复），你完全能够意识到。以下是让孩子熟悉更多能押头韵的单词的方法：

### 试着谈论押头韵的单词

一个简单的方法是在你们阅读或聊天时指出首字母发音相同的单词。例如："family（家庭）这个词以 f 开头，和 fun 这个词一样！"

### 起可以押头韵的昵称

互相起昵称，你们可以给朋友、毛绒玩具或者其他任何人起与他们本来名字押头韵的昵称。这是一个很好的方法，可以促进孩子的拼写技能提高，并使他提升自尊。［至少 Awesome Amber（超级棒的安珀）和 Amazing Andy（了不起的安迪）都这么觉得！］

## 造傻傻的句子

你们可以按照一定的模式轮流想出一句押头韵的句子，例如："(name) the (animal) loves to eat (food)"［叫（名字）的（动物）爱吃（食物）］。试试看你们能否从 "Arnold the Alpaca loves to eat anchovies."（叫阿诺德的羊驼爱吃凤尾鱼。）一直填到 "Zoe the Zebra loves to eat zucchini."（叫佐伊的斑马爱吃西葫芦。）。你可以按照任何你喜欢的形式造傻傻的句子。我们的孩子喜欢根据每个星球名字的第一个字母造句，例如 "Magical mustaches playing maracas on Mars."（魔法胡子在火星上玩沙锤。）。

# 把单词拆解成单独的发音

学会把英语单词拆解成更小的、分离的声音是学习英语阅读的重要前提。孩子学得越好，他就会越早开始自己读书。

大多数孩子在发展对越来越小、越来越微妙的发声单元的发音能力时，都遵循一个相对可预测的发展过程。首先，孩子搞清楚如何把单词分解成较大的部分，如音节。之后，他再把单词中更明显的第一个和最后一个字母的发音分离出来。当这些字母的声音与其他辅音聚在一起时，分离会变得难一些。例如，识别出 f 是 fish

（鱼）这个单词的第一个发音很简单，但是识别出它也是frog（青蛙）的第一个发音就很困难。最后，准备好阅读英文的孩子逐渐开始能够将单词的发音分解成一个个单独字母的发音。

　　只要你知道了小书怪分解单词的能力达到了什么程度，你就能预测他将在什么时候达到语言能力发展里程碑，并将话题引向接下来的发展目标。除了简单地谈谈可以如何分解字母的发音，你也可以利用下面这些有趣的活动给小书怪带来一些练习：

### 拍出音节

　　在说话的时候拍手不仅是对社交媒体评论添加严肃尖锐的强调的方式，也是向你的孩子介绍如何区分音节的有趣互动方式。你们可以选一个词，然后每说出一个音节就拍一下手。"你看，我拍了三次手，这说明syllable（音节）这个单词有三个音节，也就是syl、la、ble。你想试试拍出其他单词的音节吗？"

### 敲出字母的发音

　　当孩子习惯了拍出音节，你可以让他试着敲出每个单独的字母声音。为了让敲击练习看起来像是一个游戏，你可以收集一些名字遵从"辅音—元音—辅音"结构的家具、物品和玩具［例如，杯子（cup）、锅（pot）、猪（pig）］。之后，在一张纸上画三个并列的圆圈。你可以给孩子们做一次示范，在把单词中三个单独的字母发音说出来的同时，也依次敲击每一个圆圈。以pig这个单词为例，你可以把纸放在自己面前，并在你说puh（p的发音）的时候敲最左边的圆圈，说ih（i的发音）的时候敲中间的圆圈，说guh（g的发音）的时候敲最右边的圆圈。之后把三个音连起来，说pig，同时手也在纸上从左到右划过。鼓励你的孩子也试一试。如果他还不明白什么叫"每发出一个音敲一下"，你可以在他每次"说出一部分"单词的时候鼓励他敲击圆圈。随着练习次数增加和单词量提升，他很快就会理解了。

### 搞清楚还剩下什么

与孩子一起尝试忽略单词中的某个发音，例如，"说出top这个单词。再说一遍，但是不要发出t这个字母的音"。如果一开始这个活动太难了，你们可以用复合单词（例如，说Batman，但不要发出bat的音）或音节（例如，说doctor，但不要发出doc的音），可能会简单一些。你还可以在这个基本的字母忽略练习中增加一些神秘色彩——你可以去掉一个音，使剩下的音节产生全新的单词，然后让孩子思考这个新词是什么。例如，把silt这个词中的l去掉，或者把band中的b去掉，再或者把pent中n去掉，然后让孩子想一想剩下的新单词是什么。我们可以想出无数例子，你也可以！

### 单词接龙

这个很酷的游戏（是某一天我们的孩子教给我们的）需要你同时思考单词的首尾。第一个人任意想出一个单词［例如alligator（短吻鳄）］，第二个人需要想出一个新的单词，这个单词的开头需要与前一个单词的结尾发音一致[所以 alligator 后面可以接 origami（折纸）这个词]。下一个人也需要做相同的事情[origami 后面可以接 meteor（流星）]，以此类推。只要你们一直能想到新的单词，这个游戏就可以一直进行下去。

# 把字母的声音组合在一起

在所有培养英语语音意识的活动中，把字母的声音进行组合与阅读有着最明显的联系。孩子这样做时，你会瞥见他未来令人兴奋的阅读状态。而且一旦孩子掌握了窍门，能够看一行字母、识别出每个独立的声音，并把它们拼凑在一起，他在做的就是阅读了！

## 随时随地写单词

你可以在常规的每日活动中时不时进行一些快速的语音组合练习，例如在任何方便的地方写单词——例如黑板、磁性绘图板（当你滑动下面的滑钮时，图板上的内容就能被擦除）、电脑、纸巾、沙箱、灰尘，或其他任何可以写一些字母的东西上。你可以写一个词，并请孩子发出每个字母的读音，然后把它们组合在一起。（或者换句话说，练习读这些词！）尽量让这些小测验保持简短，并让这个过程充满乐趣。这意味着这项练习永远不会看起来像是任务。

### 练习替换单词中的字母

在写一个单词的时候，你可以向孩子展示如何通过更换单词中的一个字母神奇地把它转变成一个全新的单词。例如，当你的孩子把语音进行组合，并搞清楚了top（顶端）这个单词的发音后，你可以在这个词的下方写tot（幼儿）这个词。让孩子思考这个新词的发音，然后向他指出，因为只有最后一个字母发生了变化，所以这说明top和tot两个词的开头是相同的。［另外，你可以告诉孩子："你能把这些词读得这么棒也说明你是一个top tot（顶呱呱的小孩）！"］你也可以更换第一个字母［例如把map（地图）变成nap（小睡）］或者中间的字母［例如把zap（毁坏）变成zip（拉链）］。

### 给孩子一只"混音小熊"

你可以给孩子一只新的泰迪熊或者其他毛绒玩具，并向他解释这只玩具会以一种独特的方式说话。"这只熊只能发出每个字母的音，我们需要试着搞清楚它想说什么。"然后运用你能发出的最好的"玩偶声音"，给这个毛绒玩具配音，把单词分解成单独的音，例如"Huh. I！"，请你在每个字母的音之间停顿一下，让孩子有机会意识到这个新朋友说的是Hi这个单词。你还可以通过把这些音说得更紧凑一些来帮助孩子。如果你的孩子还是不能很快搞清楚小熊说了哪个词，你甚至可以自己把这些音连在一起，给出答案。如果你们一起进行这个活动，而且你能在过程中提供支持，就算单词变得越来越长越来越难，孩子也不太容易感到沮丧或放弃。你可以用很多很多单词尝试这个活动，随着时间的流逝，小书怪就能轻松地学会理解"混音小熊"说的话了！

### 敲击和轻扫

这个融合了发音练习的活动可以让孩子在上英语读写课程的时候释放一点能量。在这个练习中，小书怪选择一只手，随着一个单词的发音轻敲对侧手臂的不同位置，发第一个音时敲肩膀，发第二个音敲胳膊肘，发第三个音敲手腕。然后小书怪把这些音组合在一起读出来，同时用手从上到下扫过自己的胳膊。例如，对 dip（蘸）这个单词进行"敲打和轻扫"时，孩子会在发出 d 的音时敲自己的肩膀，发 i 的音时敲胳膊肘，发 p 的音时敲手腕，然后把手从肩膀顺滑地滑到手腕，同时连续地发出 dip 的音。让你们全家都开始来做这个"敲击和轻扫"的游戏吧！

## ※　向小书怪的耳朵里传递音乐　※

你知道在演奏或听音乐的时候，大脑被激活的脑区与加工语音声音时被激活的脑区相同吗？所以请给小书怪的大脑一个锻炼的机会，当一家人在家里或者在车上的时候放你们最喜欢的音乐，让你的孩子学一些基础的乐器，例如鼓、口琴、竖笛、手鼓、木琴等。

如果你自己刚好会演奏乐器，我们鼓励你和孩子分享。在我们的孩子4岁左右时，安迪就开始教他们每个人弹钢琴了。他和孩子们都很珍惜在一起演奏音乐的时光。此外，作为一种自我表达的有趣方式，正式的音乐训练也能教给孩子更多关于语言机制的高阶知识。阅读和演奏乐谱需要学会破解看起来很奇怪的符号，并将它们翻译成你创造出来和听到的声音——就像阅读书中那些看起来很奇怪的字母或符号，并用它们说出有意义的单词和句子一样。当孩子学习演奏一种乐器时，他不仅仅在学习如何发出优美好听的声音，同时还在建立对符号的基本理解，而这种理解会帮助他学习阅读！

# 第十八章　让小书怪记住英语单词

人们说大象从不遗忘。两只相识的宽吻海豚即使在20年以后也会辨认出对方。克拉克灰鸟能在大脑中储存20 000个埋藏种子的位置。但是，这些生物的记忆力都比不上小书怪。如果你能给小书怪施加像种子那样小的记忆训练，他就能发展出像大象那么大的阅读能力。

记忆在阅读中起什么作用呢？这是个好问题，有时候连读写专家都无法就此问题达成一致。多年以来，大家都在激烈地争论教孩子阅读的最好方法是什么。是应该教他们发出单词中每个字母的发音方法，还是应该指导他们把整个单词作为一个独立单元进行记忆？这是漫长争论过程中的一个有冲击力的问题，而且答案往往是"赢家通吃"的，因为很多人认为这两种方法无法共存。老师们分成了两个阵营，要么对孩子进行无休止的语音训练，要么给孩子布置越来越长的单词记忆列表。这种状态慢慢演变成"阅读之战"。经过数年的战役和厮杀，毋庸置疑的失败者产生了：孩子。

自那时起，大量研究都表明在阅读之战中每个人都是对的……也都是错的。换句话说，两种方法都有可使用的时间和地点。我们现在已经知道，向孩子介绍字母和字母的声音绝对很重要，因为这是帮助那些还没有接受阅读训练的孩子熟悉单词的唯一方法。例如，你可能已经教过孩子如何识别snow（雪）这个单词了，但是记住这个单词并不一定需要他也能辨识出相似的单词，如grow（成长）或snap（断裂）——除非你在指导他学习单个字母和字母组合的声音。即使是能流利地使用英语的成年人，在文本中遇到生词时，有时也会依赖字母的发音。

## 常见词是非常有力量的

每次看到一个单词就读出它的每个音节，这样做会带来什么问题？这其实是一种效率极低的阅读方式，也是小书怪知道有些单词最好整个记忆的原因。通过记住一些反复出现的常见词来学习阅读是一种有效策略，可以在短期内带来大量收获。孩子可以从无法读任何单词发展到能认识短时间内记住的一大堆单词——这种成功的体验对他来说是很强的激励！

这些词往往被称为"常见词"。经过训练，孩子们往往能一见到这些词就将其辨认出来，并能在文本中快速且轻易地识别出这些词。以下是给初学者的常见词列表：

| | | | |
|---|---|---|---|
| a/an<br>一个（不定冠词） | have<br>有 | of<br>的 | want<br>想 |
| and<br>和 | help<br>帮助 | play<br>玩耍 | was<br>曾是 |
| are<br>是（复数） | here<br>这里 | said<br>说过 | we<br>我们 |
| can<br>能 | I<br>我 | she/he<br>她/他 | what<br>什么 |
| come<br>来 | is<br>是 | see<br>看 | where<br>哪里 |
| do/does<br>做 | like<br>喜欢 | that<br>那 | who<br>谁 |
| for<br>为了 | little<br>小 | the<br>这个（定冠词） | with<br>和……一起 |
| go<br>走 | look<br>看 | they<br>他们 | you<br>你 |
| good<br>好 | me<br>我（宾格） | this<br>这个 | |
| has<br>有（第三人称<br>单数形式） | my<br>我的（所有格） | to<br>向 | too<br>也 |

　　鼓励你的孩子尽量多地记住你觉得有用的单词，指导他自己阅读这些单词。在我们家，我们倾向于强调一些最频繁出现的常见词，而不太苛求孩子背完整张单词表。但你应该需要根据你的小书

怪的情况进行调整，采用最适合他的方式。

# 记住常见字母组合

你的小书怪可能需要依靠记忆力的另一个原因是，书面文字不是完全可以预测的。阅读英语可能尤其令人抓狂，因为很多字母在不同的单词中的发音不同。因此，除了记住单词本身，你也有必要让小书怪记住一些特定的规则——例如，在单词结尾的e往往是"有魔力的"，因为它是不发音的，并且会使它前面的元音字母发它本来的音。

你的孩子也需要记住一些特定的字母组合的发音。当你试着对一些常见的字母组合中的每个字母单独发音，例如ar、ing和tion，你就会知道我们是什么意思了。很多字母组合的发音与其中每个字母音组合在一起的发音完全不同。这就是为什么一些典型的单词结尾、前缀、后缀、元音组合经常被当作"常见字母组合"教给孩子。你可以教孩子把这些常见的字母组合看作一个单元，当这些组合出现在单词中时，孩子就能快速读出它们的发音。以下是常见字母组合的列表：

| | | | |
|---|---|---|---|
| ai（pair） | ed（skipped） | ing（sing） | oy（toy） |
| ar（car） | ee（bee） | oa（boat） | sh（shoe） |
| aw（saw） | er（soccer） | or（for） | th（this） |
| ay（play） | ew（new） | oo（toot） | tion（potion） |

ch(chocolate)　　ie(movie)　　　ou(sour)　　　wh(what)

ea(meat)　　　　igh(night)　　　ow(cow)

　　教孩子记单词和字母组合的一个简单方法是,把谈论它们融入每天的读书讨论。当我们的小书怪第一次开始试着读出单词时,例如他们看到了一个常见词said时,我们就会提醒他们,"这是一个需要记住的单词,是'说过'的意思,读作'ｓ-ａｉ-ｄ'"或者"你记住这个词了吗?"。字母组合也可以用相似的方式进行讨论。当孩子开始学着读单词的发音,并且看到一个常见的字母组合时(如er),你可以直接提醒他,"记住,er的读音是err"。这会向孩子们传递一个信息,即他需要把整个单词或组合当作一个单元进行记忆,而不需要单独发出每个字母的音。孩子练习得越多,他在文本中碰到这些单词和组合时记得就越快。

## 提升记忆力的游戏清单

　　以下是一些额外的活动,可以让你的小书怪快速记住常见词和常见字母组合:

### 常见词冲刺

在纸上写一些常见词或常见字母组合,并把它们分散摆在地上。说出一个常见词或字母组合，让你的小书怪用最快速度跑到对应纸张的位置。

### 常见词捉迷藏

拂去你那古老的、被长时间遗忘的饮酒游戏用具上的灰，因为这个游戏需要一些一次性杯子和一个乒乓球。把杯子倒扣过来，并在每个杯子上写一个常见词或常见字母组合。然后把乒乓球藏在其中一个杯子里，并对你的小书怪说"你能在 for 这个词下面找到球吗？"，请他通过正确辨识常见词和常见字母组合来找到球。

### 常见词艺术展

找一些你认为孩子真正喜欢的艺术用品，例如手指画颜料、邮票、涂鸦颜料笔、涂鸦粉笔、大罐鲜奶油。在一个你不担心会弄脏的平面上写下一些常见词和常见字母组合。

### 常见词寻宝游戏

把一系列常见词和常见字母组合写两遍——第一遍写在一张纸上，另一遍写在便利贴上，并藏在家里的各个角落。让你的孩子尽可能多地找到这些便利贴，并把它们带回来贴在对应单词或字母组合的位置上。玩这个游戏对你来说也是一种奖励：当孩子寻宝的时候，你会有宝贵的几分钟可以喝喝咖啡，看一看写给成人的书，或者小睡一会儿。

# 第四部分

# 教小书怪"玩耍"技巧

当你给了你的小书怪生命、一个家和一堆可以吃的好东西之后，下面要做什么呢？当然是玩耍啦！小书怪在学习各种与阅读相关的小技巧时都是专家。而且，因为对于小书怪来说，"学习阅读"和"玩耍"的含义相同，所以只要你教给他游戏方法，他就会爱上这个游戏。本书最后几个章节将为你提供一些速成课，在教各年龄段孩子阅读的高阶方式方面为你提供指导。通过使用我们马上要谈到的一些有趣练习，你的小书怪很快就能学会拼写、书写、发音，并别具一格地将他读到的内容进行戏剧化的处理！

# 第十九章　小书怪喜欢拼写

　　鸟类将口哨声、颤音和鸣叫声混合在一起，制造出我们每天早上听到的令人愉快的旋律。缟獴将类似辅音的咕哝声与类似元音的尖叫声结合起来，告诉其他缟獴如何寻找食物和避开捕食者。但是，没有什么生物能真的像小书怪那样进行拼写。有了本章中的提示，你的孩子可以在不知不觉中成为拼写最棒的人！

## 为什么拼写很重要

　　现如今，当成人在思考"拼写"这件事时，他们要么回首过去，回忆起上学时那些老旧的英语拼写测试（回忆时带着喜悦或恐惧，取决于他们过去的成绩），要么展望未来，认为电脑或手机上拼写检查和自动更正功能可以证明，人们再也不需要知道如何拼写单词了。

但是对于刚开始学习阅读英文的孩子来说，拼写绝对是关键的。当孩子了解到单个字母可以凑在一起拼成一个词的时候，他也开始理解如何用字母发出一个单词的音。这就是"阅读"的真正含义。

小书怪在学会阅读之前就能尝试拼写，这一点非常酷，是大孩子才做得到的"超棒"的事情。就这么告诉你的孩子吧！请一定要兴致勃勃地谈论你的小书怪拼写的成功经历，告诉孩子他的成长让你多么欣慰，他不断尝试直到成功拼出一个单词是多么了不起。和其他技能一样，学习拼写也需要付出努力和练习，以及来自你的表扬。表扬对你的小书怪来说也是巨大的动力！

与本书中提到的其他内容一样，学习拼写可以也应该是玩耍，而不应被当作任务。当拼写被认为是有趣的消遣，而不是枯燥的强制性要求时，它会带来惊人的阅读效益。以下是一系列有趣的方式，可以用来与你的孩子讨论拼写问题。使用这些技巧不需要任何特定的地点或道具，所以可以很容易地穿插在一整天的谈话中。我们在孩子两三岁的时候就开始使用这类对话了——你也可以想一想你自己的孩子对字母和字母发音的掌握情况，然后在你认为他准备好的时候尽快尝试这些游戏。

### 让你"感到困惑"的单词

选择一个发音与构成它的字母拼在一起的音节相似的简单单

词，例如on、go、fun、pop、yo、rad，或者up，然后挠挠头，摸摸下巴，摆出你能想到的最能表达困惑的表情，然后说："嗯……你觉得这个词应该怎么拼呢？"看到你想得这么辛苦（以如此愚蠢的、过分的方式），你的小书怪会急切地加入游戏，并给你提供帮助。你可以根据需要指导孩子完成这个过程，例如问他第一个音是什么，帮助他分离出后续的字母发音，并在孩子说对每个字母时为他喝彩。

## 突击小测验

在处理事务的间隙，例如散步、艺术创作、吃饭，或者单纯闲逛的时候，你可以做出深思熟虑的神情，对孩子说："嘿，你知道这些字母能拼成什么吗？"然后拼出一个简单的单词，例如yes，然后帮助你的孩子识别每个字母单独的发音，并把它们组合在一起。

## 分享关于拼写的小秘密

孩子可能并不总是想听你工作中的故事，或者他在学校应该学到的课程。但他总是想听一个秘密的！那么，为什么不把关于拼写和语言的有趣、古怪的信息定位为你愿意让你的孩子知道的秘密呢？"你知不知道，stop这个单词倒过来拼是pots？mom上下倒过来是wow？"孩子发出"哇"的惊叹是正常的。在我们家，我们用"秘密代码"来指代这些特殊的拼写巧合，当我们的孩子能弄清楚这些秘密时，我们会告诉他们这有多酷！

# 拼写如何引发阅读

经过了几年的讨论、玩耍、一起翻书，拼写最终使我们的孩子能够把字母拼起来，学会自己阅读。对我们的儿子来说，上面这样的拼写游戏正是他所需要的。

不过，我们的大女儿解决阅读难题的途径有更高的技术含量，但仍以拼写为中心。就在大女儿5岁生日之前，我们开始让她使用一个叫作"画点什么"（Draw Something）的应用程序与生活在不同城市的表亲保持联系。这是一个回合制的图画游戏，一个人画一幅画，然后另一个人猜测它是什么，并画些别的东西作为回应。当轮到你猜一幅图时,这个应用程序会给你一组空格,空格的数量与正确答案的字母数量相对应——例如,对正确答案为ring的题目,程序会呈现四个空格以及十个可选择填进这些空格里的字母。

我们把这个应用程序变成一堂伟大的阅读课的秘诀是,当我们的女儿告诉我们她对所画内容的猜测然后问我们如何拼写时,我们不会告诉她答案。相反,我们请她思考她认为这个单词应该如何拼写,并通过辅导她正确发音完成这个任务。久而久之,我们的女儿在弄清应该选择哪个字母来拼出答案时需要的支持越来越少,最终完全不再向我们寻求帮助了——而且我们也知道她答对了单词,因为我们能听到她给出正确答案后程序发出的声音。差不多也是在这个时候,她开始给我们带来另外的惊喜:她能成功地阅读程序里单词之外的其他内容了!

## 持续进行拼写活动

一旦你的小书怪长大到可以把学校的单词表带回家,一些事情就会发生变化(例如他学习的单词的长度和复杂性),而有些事情则会保持不变(例如你仍然应该努力尽可能多地让他感受拼写的乐趣)。与其简单地阅读和重读你的孩子应该学习的单词列表,我们建议你引导小书怪以更有趣和有效的方式学习。以下是我们家使用过的一些方法:

## 打乱字母

试着将一个词的字母顺序打乱，以混合的、随机的顺序重新排列（例如把bottle这个词打乱，写成tobetl），这样你的孩子就必须找出正确的拼写方式。

## 在书中找到单词

让你的孩子在一张纸上写下他想读的一本书的名字，在书名下面写上这一周要学习拼写的单词。每次当他在书中发现这些单词的时候，他就可以在纸上空白处计数。为了增加刺激性，你可以请他用零用钱"赌一赌"哪些单词会在书中出现。（显然，我们是在开玩笑。但是你可以让他以糖果作赌注。）

## 画出单词

我们最大的小书怪热爱艺术，所以这个方法完全是她自己想出来的。让你家的"小莫奈"抄下整个拼写表，然后在每个单词旁边画上原创的插画来解释这个词。让创造力参与这个过程会使学习更加有趣，而且图片将提供另一种让单词在孩子的记忆中留下痕迹的方式。

## 开始你自己的测试秀

当全家都参与进来时，任何事情都会变得更有趣。因此，你要通过帮助孩子学习的方式来向他表明你对他努力学习拼写的支持。

这样做的一个简单的方法是给他出单词拼写的小测验。你要永远记得，当孩子回答错误的时候，你要提供正确的反馈和鼓励；而当他回答正确的时候，你要给予大量表扬。如果想提升趣味性，你可以在介绍"参赛者"时播放一些俗气的比赛节目背景音乐，并尽可能用你的"播音腔"描述他能赢得什么"奖品"。"恭喜你！你刚刚赢了一次'骑大马'！"

我们家特别喜欢这些活动，事实上我们每周都很期待拿到新的单词列表。我们知道，你们从没见过像我们这么酷的一家子。这样做的结果是，我们的孩子到现在仍旧很爱拼写，而且还能因此持续提升自己的阅读水平！

## ※　不要忘记词典！　※

尽管你可能不怎么用词典了，但小书怪绝对能从家里老式的、实体的词典中受益。下次当你的孩子问你一个单词什么意思，或者如何拼写一个新单词时，你可以拿出词典，向孩子解释如何使用它，并用它找到答案。当你经历了诸如"哇，你一定很老了，你还是个孩子的时候用过这个古老的东西"的"攻击"之后，你的小书怪很有可能也开始欣赏能够完全依靠自己发现所需的所有信息的能力。

# 第二十章　小书怪喜欢写字

　　河狸筑坝是为了保护自己免受捕食者的伤害，避免成为它们的盘中餐。蜘蛛编织错综复杂的捕虫网来捕食。白蚁会建造摩天大楼式的土堆，这些土堆大到可以从太空中看到，并且耐用到可以持续存在数千年。小书怪也会做出让人印象深刻的作品。当你让他尽早、尽可能多地接触到充满想象力和冒险精神的书籍世界时，没有什么比创造他自己的故事更有趣！

　　想知道我们说的小书怪"创作故事"是什么意思吗？也许通过告诉你一个我们自己创作的故事，可以最好地给你进行解释。我们的故事是这样的：很久以前有一个漂亮的新生儿，从外表来看这个宝宝的肌肤十分柔软幼嫩，但他的头脑却成长迅速，已经变得非常敏锐。无论何时，当宝宝的父母说话时——无论是对宝宝、彼此、朋友、家庭成员，还是与街上的陌生人说话——他都会十分专注地倾听。婴儿听到的大部分内容都以故事的形式出现。例如关于人们这天打算做的令人兴奋的事情、关于爸爸妈妈小时候做过的疯狂的事情、关于车里的其他人正在做的令人恼火的事情的故事。因此，这个宝宝了解了故事听起来是什么样子的。而且，由于宝宝的父母给他读了非常非常多的书，他也看到了故事"看起来"是什么样子的。不久之后，宝宝就会变得像其他人一样也想讲故事了——一旦学会说话，他就可以用声音讲故事；一旦学会写字，他就会在妈妈和爸爸离开房间时（他们发誓自己只出去了30秒），用大号的永久性记号笔在沙发垫子上写满字来讲故事。宝宝也确实这样做了。这件事很棒，但也很糟糕。

## 为什么小书怪很擅长讲故事

听你讲故事可以教会你的小书怪很多事情，包括：

◎  讲故事是一件有益的事情。

◎  人们想听故事。

◎  有些事情可以用来当作故事讲（例如动物园之旅），但有些事情不适合（例如去卫生间的故事——除非你的便便形状特别有趣）。

在大约两三岁的时候，孩子开始以回忆发生过的事情的形式自己讲简单的故事。最初，孩子的故事往往缺乏连贯性、遗漏掉一些重要的细节，或者只聚焦于他自己。(这就是大家都说幼儿适合成为优秀的电视真人秀明星的原因。)但是，孩子讲故事的技能会快速发展。到大约6岁的时候，他对讲故事已经有了足够的经验，知道一个好故事听起来是什么样子的，也了解了故事的核心元素(例如情景、任务、情节构建、问题得到解决)，并能够自己讲述一个完整的故事。

研究者发现，阅读频率更高的儿童往往能够讲出更好的故事——他们会使用更多书面语、更复杂的词，以及更多描述性细节，例如形容词和拟声词。如果你使用了我们在"给小书怪读书的正确方法"一章中提到的技巧，孩子讲故事的效果会更好。在一项尤其有说服力的研究中，研究者对一组在上幼儿园的孩子进行了单词和字母的发音训练，而对另外一组孩子则使用我们推荐的互动式阅读策略给他们读书。在16次训练后，研究者测试了被试的孩子们讲故事的能力，请他们讲述一本没有字的绘本描绘了一个什么样的故事。结果呢？那些接受了互动式阅读的儿童讲述的故事更加复杂，包含了更多关于主人公情感和动机的信息，使用的词也更丰富。

当我们家最小的小书怪3岁时，她就能给我们讲故事了。我们给她读书的全部努力在这时开始出现明显的效果。因为她知道故事越令人兴奋就越精彩，所以她会在故事中增加很多悬念。例如，她会在给我们讲述下一个戏剧化细节之前先靠向我们、瞪大眼睛，倒抽一口气说："突然……"需要说明的是，她讲的故事中大多数细节并不是那么戏剧化，但这样真的太可爱了！

# 小书怪如何变得更擅长讲故事

提升讲故事的能力并不需要花很长时间。在我们刚刚提到的研究中，偶尔与孩子进行互动式阅读仅仅8周之后，孩子们讲故事的能力就获得了显著提升。如果能让讲故事成为生活的一部分，你可以想象这对孩子的发展会产生多大的积极影响！以下是一些让孩子最大限度地接触故事的方法：

## 谈论过去的事情

你可以就你和孩子共同的经历展开大量的谈话。当你这样做的时候，请确保你们的谈话内容包含一个完整、详细的故事需要涵盖的信息。例如，不要"流水账"式地列举你们在公园玩的各种娱乐设施，因为告诉别人"我们滑了滑梯，荡了秋千，然后坐在了跷跷板上"是很无聊的。相反，你要给孩子一些更有趣的故事体验，就像你在与一名成人讲话，而且希望维持对方的兴趣一样。"因为你不敢自己滑，一开始我们一起滑下了滑梯。但是后来你决定表现得勇敢起来。到这一天结束的时候，你闭着眼睛第一个冲下滑梯。那时候，轮到我感觉特别害怕了！"

### 组队创作一个故事

这个游戏受到我们家所有年龄段的人的欢迎，而且它超级简单。一个人先说出故事的第一句话："曾经有一个名字叫克拉克的鸡块。"第二个人想出故事的第二句话："令人惊讶的是，克拉克最好的朋友是一杯脾气暴躁的奶昔，名字叫漩涡。"以此类推在小组中进行创作，每人每次增加一句话，直到你们一起创造出一个完整的故事或者有人结束了这个故事，再或者你们笑得太厉害了，无法继续下去。

### 假装游戏

假装游戏包括道具、服装、人物创作，以及需要创造和演出来的情节。所以每次孩子玩这个游戏的时候都是在练习故事创作。你可以在"小书怪的玩耍时间"一章中找到更多鼓励孩子玩假装游戏的方法！

## 为什么应该让小书怪写下自己的故事

当你的孩子想出一些故事之后，他应该练习用纸笔把这些故事写下来。你是不是在想："现在计算机能让人们通过简单地打字、发短信或用虚拟助手来记录想要的任何东西，为什么这本书的作者还在谈论手写呢？"你怀有疑惑是有理由的。现在的孩子很快就会需要通过打字完成作业，而电脑技能对他无疑是有益的。另外，电脑也是一种很好的写作媒介。通过练习，打字可以变得快速而轻松，而且在电脑上修改写的东西也很容易。

但是，打字即使有这么多好处，也无法完全代替手写。有研究比较了在键盘上打字与在纸上写字对人的影响，发现使用普通的纸笔有一些令人惊讶的好处。例如，与上课用电脑记笔记的学生相比，那些上课用纸记笔记的大学生考试成绩会更好。虽然打字快的人可以捕捉到老师说的几乎每一个字，但手写笔记的人会被迫在当下对老师的话进行编辑和意译——这就会让学生对材料进行更深入的加工，并得到组织得更好的笔记。

如果你的小书怪掌握了快速书写的艺术，那么手写对他来说会有更多的好处！写作是一个复杂的过程，需要孩子掌握运动技能（做出合适的身体运动以正确地画出字母）和语言技能（决定写什么字母、单词、句子和段落）。孩子需要足够的练习，让书写变得快速和自动化，这样就能花费更少的心理能量指导写字的身体动作，把精力更多地花在计划书写的内容上。因为快速写字可以让孩子更自由地思考和计划，有研究发现，那些书写更快的孩子在考试中和写作文方面的表现都比书写慢的孩子更好。

你还需要一个理由让自己更有动机开始动笔吗？我们就给你一个理由。有研究表明，相比于书写较慢的孩子，书写更快的孩子更不容易出现低自尊的情况。用笔划两下并不会让你显得太落伍，对吧？

# 在你的小书怪学习写字的过程中，
# 你可以期待什么？

书写精确的符号，例如字母、数字和单词需要相当的运动技巧，还需要从一开始就理解所有符号长什么样子。这就是为什么大多数小朋友一开始学习写字时会试着画图。即使画画与写字并非完全一样，但意识到图片能够传达含义，而且画画对孩子未来学会写字很有价值也很重要。

为了对这一概念进行有趣的描述，你可以看看《兔子蛋糕》这本可爱的绘本。在这本书中，一只叫作麦克斯的小兔子反复在没有父母陪着的情况下独自去一家杂货店（别问为什么，就随他去吧）。他尝试把自己想要的"能发射热热的棉花糖的红色玩具枪"添加到他递给杂货商的购物清单上，但由于他还不会写字，杂货商并不理解。在经过大量的试错之后，他最后决定画一幅玩具枪的画，然后杂货商开心地把他想要的东西递了过来！图片能够承载有力量的含义。这种理念有时候被称为"图片的力量"，它能够激励小朋友相信自己所画的事物可以和文字一样重要。

孩子熟悉了画画这件事以后，你可以渐渐将写作的元素引入绘画当中。一个简单的做法是和你的孩子在一张纸上画画和写字。你们可以画一两张图，然后在旁边加一些字母和单词——例如在一只小鸟边上画一个对话框，里面写上"啾啾"，或者在一只恐龙边画一个告示牌，写上"对小行星说不！"。请你与孩子对你们创造的这些很酷的东西进行讨论，并强调写作和绘画之间的区别："我们的图画表现了事物长什么样子，而写下来的文字会说出更多关于它们的故事。"

从某个时刻起，你的小书怪会开始尝试写真正的字母，这意味着你将不得不开始尝试解码他写的毫无形状的漩涡、方块和圆圈的含义。当你的孩子让你看他写的令人费解的文字时，你可以选择大胆地猜测它的含义。看看你是否能让他先给你一条线索（例如"哇哦，我想知道你写了什么！"），或者你能否直接坦率地询问这些符号代表了什么。无论你使用哪种方式，只要确保你保持积极的态度就行。我们的孩子们在学前班学到了"乱画涂鸦"这个词，并用它来表达"小孩子"的画与其说是画，更像是胡乱涂鸦的观点。但因为这个词略带贬义，而且会让孩子对自己在画画和写字方面的努力感到不自然，我们会回避这个词语。相反，我们对于孩子们在艺术或文字上投入的任何努力都加以称赞，并鼓励他们练习、享受，并以此为傲——不管他们究竟画得怎么样！

当孩子开始写出与正确的形式相似的词或字时，你也要给予鼓励。孩子一开始试着把字母或者笔画"拼在一起"时可能会写出错误的词和句子，但你也不要担心。他写出来的词可能与要拼的词有一些语音上的相似性，或者可能与正确的词一点都不接近。我们的孩子所在幼儿园的老师把孩子们创造的这类书写形式看作"幼儿园阶段的完美水平"，我们很喜欢这个词语，因为它意味着书写新手把词拼成任何方式都是没问题的。当你保持支持的态度、忽略最初的错误，并且记得重要的事情是孩子在进行尝试时，孩子会觉得自己可以自由练习和享受书写，而不是因拼写规则或字形细节崩溃（虽然等他长大一点就不得不面对这些）。

最后，还有一件事你们不必担心：虽然书写时保持良好的坐姿和身体机能是很好的，但不要太纠结于诸如孩子应该如何拿笔的细节。有研究表明，孩子拿笔的特定抓握手势并不重要，而一个不会导致手指抽筋或疲劳的舒服手势很重要。

书写可能是一项难以掌握且需要耗费时间学习的技能，因此，你最好能有足够的耐心，让孩子在必须开始学习书写前就开始进行练习。在孩子达到上学或学会如何阅读等成长里程碑之前就开始练习写字母是有益的，因为写字母的行为可以强化对字母的识别能力，并帮助孩子为阅读和在学校表现良好做好准备。以下是一些能在家里进行的有趣且有效的书写练习方法：

### 持续进行我们已经介绍过的一切活动

本书前面提到的许多活动都能帮助你的孩子提高写作能力，包括让写作成为游戏时间的一部分，让孩子写购物清单、编写活动手册，以及玩井字棋和填字游戏等文字游戏。

### 抄写单词

练习写字母的基本方法是让孩子抄写印刷品或你写的东西。有研究表明抄写字母比描摹字母或在电脑上打字更有助于提升孩子的字母识别能力。

### 囤积古怪的书写用品

没有什么比奇怪的、五颜六色的钢笔、铅笔、橡皮、纸和日记本更能让练习写钢笔字变得有趣。把它们放在你的孩子在没有你的帮助也能接触到的地方，并记住它们也是送给孩子的好礼物！

### 做一个家庭信箱

通过为每个家庭成员创建"信箱"，并将其挂在我们的卧室门上，我们的大女儿开发了这个小技巧。她的信箱是通过将硬纸板折成两半并沿边装订做成的，但用马尼拉纸信封或文件夹来做也可以。我们的孩子时不时会用小纸条给我们惊喜，而且他们在发现我们给他们写的字条时也会激动得不得了。毕竟，谁不喜欢在信箱里发现一封情书呢？

### 以可控的方式制造彻底的混乱

让你的小书怪用一些超乎意料的、超级有趣的、通常非常混乱的原料（尽可能以最干净的方式）来练习写作。在一个可密封的袋子里装上沙子、糖果、油漆、剃须膏或明胶构成的混合物，然后让你的小书怪通过按压塑料袋"写字"。或者，你也可以让小书怪到处"画"字，例如在人行道、门廊，或者房屋边，但是用水代替画笔。这样一来，你既可以欣赏他的创作，也可以确保水干了之后不会弄乱环境。

## 为孩子的成功庆祝

你可以通过鼓励孩子做自制生日卡和节日卡（然后对此津津乐道），并像展示他的艺术作品一样在家里骄傲地展示孩子的书写作品，向你的孩子表明你重视他的写作能力。这可以帮助孩子获得积极的感觉，让他有动机坚持书写练习！

## ※　你自己也练练用手写字　※

就像看到你读书对小书怪读写能力的发展有好处一样，看到你写字也对他有好处！我们几乎每天都用一个简单的方法来示范书写，那就是为孩子们写午餐条。我们是在大女儿第一天上学前班的时候，第一次在她的午饭上写了字条。我们本以为这是需要偶尔做的事情，因此第二天我们并没有写字条。但当她回到家里抱怨"丢失的"午餐条的时候，我们明白了——她真的很期待父母的手写字条！如果你也在考虑开始这个传统，请注意，这确实会让准备午餐的时间更长一些，尤其是在作为父母的你精疲力竭，脑袋里已经想不出任何有趣的内容可写的时候。但是，这种方法能帮助你的孩子阅读、写字，也能提升亲子关系，因此很值得去做。

你写的纸条的具体类别取决于你自己。我们写的内容是完全随意的，而且经常特别奇怪，但是我们很享受这一过程，孩子们也很喜欢。我们有时候会在里面画点东西，写各种不同类别的内容，例如：

◎ 甜蜜的肯定。"你就像是我们这个'杯子蛋糕'上的糖霜。没有你，我们只能是一块'玛芬蛋糕'！""我们对你的爱比这张纸条大得多！"

◎ 老套的笑话。"有一个鸡蛋去喝茶，后来它怎么样了？它变成了茶叶蛋！""猴子不喜欢什么线？平行线！〔因为平行线没有相交（香蕉）。〕"

◎ 随便写的傻乎乎的话。"记住，你应该吃掉你的食物，并脚来走路。（别弄反啦！）""就算你变成了长着大象脑袋的小老鼠，我们仍然会爱你！（但我们很开心你不长这样！）"

◎ 押韵的小诗。"春假马上要来到，你也开心蹦蹦跳！我们快点来庆祝，然后出门去玩闹！""这里有美味的面包，用你的小嘴大口咬！我们说话就是这样妙！（你读完一定会笑！）"

◎ 提起正在做（或在读）的事情。"作为一个超棒的创造者、超棒的学生、可爱的儿子和哥哥、全面发展的好孩子，你为安科夫斯基家赢得了1000分！（灵感来自J.K.罗琳的"哈利·波特"系列小说。）""当你吃这份撒满奶酪的意大利面的时候……拿住你的肉丸，不要挤压它！（灵感来自于保罗·布雷特·约翰逊的《意大利面的顶端》）"

额外提示：当孩子们放学，带着午餐盒回家之后，请保存好纸条！我们把每个孩子的纸条都用密封袋分别保存起来。我们每写一张午餐便条，这个密封袋就会变得更满一些。将来我们会把这个袋子送给孩子们，我们希望他们也认为这是一个值得收藏的甜蜜纪念品。

# 第二十一章　小书怪喜欢"怪词"

驼背棘鮟鱇会在鼻子上挂着一个夜光球，引诱猎物进入它充满獠牙的嘴里。蝎蛉以死的无脊椎动物为食，还会挥舞蝎尾一样的刺（但实际上是它的生殖器）。鸭嘴兽则非常令人费解——鸭子的嘴、水獭的脚和海狸的尾巴组装在一个能分泌毒液的产卵哺乳动物身上——以至于第一批研究它的科学家认为这种生物的标本一定是假的。正如世界上有很多长相奇怪的动物一样，随着对语言了解得越来越多，人们会发现世界上有大量奇怪的单词、规则和怪事等着自己去发现。而小书怪会对此十分着迷！

我们所说的奇怪的单词是什么呢？在这一章中，我们指的是任何非同一般的、以不寻常的方式使用的，以及你自己或小书怪不熟悉的词。这些单词可能包括：同音异义词、缩写、比喻、拟声词等等。当成年人在给孩子读书的过程中遇到这些单词时，他们有时会选择忽略它们，认为它们太难解释了，或者超出了孩子的理解能力。但是这些奇怪的词语有时候是一本书中最有趣的部分，总能帮助孩子更好地理解故事，还可能会让你的孩子更加兴奋地探索他正在看的书籍和故事！因此，你为什么不像"嗡嗡"作响的蜜蜂一样忙碌起来，用这些词语帮助孩子了解语言中惊天动地的秘密呢？

当你与小书怪一起读书的时候，留心一下这些类别奇怪的词语，并确保把它们融入进你们越来越有趣的对话中：

### 新颖的和不常见的词语

书籍对小书怪来说最大的好处之一是扩大他的词汇量，因为书籍中的用词通常比人们在日常讲话中使用的词范围更广。《南妮特的法棍面包》是一本短小的图画书，但其中有很多关于面包、好玩的声音效果以及有趣词语的内容。书里涉及的有趣词语包括：clarinet（单簧管）、quartet（四重奏）、fret（格子）、regret（遗憾）、sweat（汗水）、reset（复位）和responsibility（责任）。你在给小书怪读书时可以时不时暂停一下，解释一下生词。如果你也不知道这个词语的意思，或者没有信心给它一个定义，你可以与孩子一起查词典！这对你的孩子来说可能是一种鼓励，让他意识到即使是成人也不是所有单词都认识，而且无论他已经有多聪明（或者年纪多大），也依然可以继续学习有趣的知识。

## 同义词

知道可以表达同一个意思的很多个词语对成为好的讲故事者和写作者是很好的（或者说是"很棒的"或"很有益的"）。你在阅读过程中给孩子解释生词的时候，同义词也是一个有用的工具！你可以查看拉亚·斯坦伯格所著的《活字典雷克斯》——顾名思义，这本书的主角是那只恐龙雷克斯，它知道相当多的同义词。

## 反义词

有很多书整本都在向孩子介绍反义词。我们家的小书怪还小的时候，他们对莱斯利·帕特里切利的硬板书中的可爱的、没有明显性别特征的宝宝们十分着迷。这位作者的作品包括《大小》《好吃难吃》《错错对对》，书名都体现了一对反义词。但请记住，即使你孩子的知识水平已经超越了这些硬板书的内容，反义词也可以成为你们与书有关的对话中不可或缺的一部分。

### 同音异义词与同形异义词

汉语和英语中都有大量词语发音相同但是含义不同（被称为同音异义词），或者书写形式相同而含义不同（被称为同形异义词）。斯科特·桑托罗所著的可爱的万圣节主题的书《巫师学校怎么走？》的标题就体现了一对同音异义词①。如果你曾经在把鞋带系成蝴蝶

---

① 该书英文名为 *Which Way to Witch School?*，其中 which 和 witch 发音相同。

结后鞠躬[①]，你就演示了一对同形异义词。向你的孩子指出这些情况，并向他展示拼写方式和语境可以帮助他弄清楚文中说的到底是"哪个"（which），还是"巫师"（witch）。

### 明喻和暗喻

即使是儿童读物也会将两个看似不同的事物进行比较，使描述更加生动，或帮助解释复杂的主题。明喻通过使用"如"或"好像"的字眼来做到这一点，而暗喻则不用上述词语创建联系。你可以通过引导孩子了解作者的意思来帮助他更好地理解故事中类似的修辞手法。例如，在读《一个漆黑的夜晚》一书时，当你读到小男孩帮助一只走失的猫和它的小猫崽躲过一场暴风雨，你可以基于这本书中引人注目的明喻手法，请你的孩子想象一下每一只小猫崽长什么样子。"像悄悄话一样柔软，毛像傍晚一样灰""像馅料一样柔软，像雪一样白""像水一样湿润，像夜晚一样黑"。在《米利耶·菲尔斯》一书中，当与书名同名的角色悲伤地看着人行道上一个被踩来踩去的污点，说"这是我"的时候，你可以因她通过隐喻表现出的忧郁感而叹息。

### 俗　语

使用比喻性语言来表达与字面意思截然不同的东西的常见短

---

① 英文中 bow 做名词时可以表示"蝴蝶结"，做动词时可以表示"鞠躬"。

语对成年人来说司空见惯,我们有时甚至会忘记它们在孩子听来是多么疯狂。例如,当你们在读《贝贝熊的成绩单大麻烦》一书,读到 "Brother was in the soup, deep in the soup up to his eyeball!"(直译为"哥哥在汤里,深深地淹没在汤里,汤水没过了眼睛!")[①]时,你的孩子会非常惊讶,因为剧情与食物或者眼睛一点关系都没有!

## 回 文

你有没有注意到,在中文和英文中都有"回文"(palindrome)现象,比如,dad、racecar、level等词正着和反着拼都是一样的,而"歌唱""牙刷""和平"正着和倒着读都是有意义的? 有可能你的小书怪还没有意识到这一点……但只要你把它指出来,他就会超级兴奋! 除了与你的孩子对着有趣的单个词语大笑,你们还可以在诗歌或者歌曲中寻找回文。

### 变形词

当我们的儿子意识到,打乱构成一个单词或短语的字母后可以组成一个完全不同的单词或词语时,他就对此非常投入。他开始自己进行创造,我们也开始用越来越怪异的单词组合来写他一直喜欢的午餐便条。你们可以看马克·舒尔曼所著的《安和南是对变形词:混乱的词汇困境》一书,让你的孩子也爱上变形词。

---

① 这句话中包含一个英语俚语 in the soup(表示处境糟糕),它实际上的意思是"哥哥遇到麻烦了,遇到很大的麻烦了!"。

## 缩　写

除非你告诉孩子，否则他不会知道像 Dr.、Mr.、info.、Feb. 这样的拼写是一些英语单词的缩写。在读《医学博士朱迪·穆迪：医生进来了！》一书时，如果不知道 medical doctor（医学博士）这个词语可以用缩写形式 M. D. 来表示，你们就很容易错过一个有趣的环节。好在，向你的小书怪解释这件事只需要一秒钟！

## 拟声词

拟声词指的是那些发音听起来像它们所描述的东西的词，例如"呱呱""嘎嘎""轰隆"等。如果你想在一本书中看到很多拟声词，可以看艾丽丝·舍特尔所著的《小蓝车》这本书，看看书中有多少"哞哞""呱呱""嘟嘟"的声音。

## 首字母缩写词

首字母缩写词可能是你在阅读过程中遇到的最古怪的词，因为它们是由另一组并没有出现的词的首字母组成的。顺便说一下，你最好让孩子 ASAP（as soon as possible，尽快）学习这些词，否则 IDK（I don't know，我不知道）他们以后能读懂多少。达夫·皮尔奇的书用奇特的傻乎乎的方式使用首字母缩写词，例如，在《内裤超人与会说话的卫生间的攻击》一书中，一个角色发明了 PATSY 这个首字母缩写词（全拼是 Photo-Atomic Trans-Somgobulating Yectofantriplu-toniczanziptomiser）来指代把2D图片转化为现实的3D物体的设备。

# 为什么孩子对语言如此疯狂

以下哪项最能概括你对孩子热爱阅读的感受?


很不错!

状态绝佳!

帅呆了!

棒极了!

特完美!

绝了!


你选择的答案是哪个很有可能与你的年纪有关系。在你小时候,无论你用什么词来表达"很棒"的意思,你现在很可能依然觉得这个词不错。在我们的文化中,新的俚语会不断出现,而且这些俚语主要是由孩子们提出来的。俚语是年轻人展示他们与生俱来的创造语言的动力的一个例子。每一代人都在发明他们自己的全新的俚语。

因为孩子们在语言方面具有天生的创新能力,他们对历史上许多语言的创造起到了重要作用。尽管世界上大多数语言已经存在了很长时间,不可能追溯其本源,但有一个研究团队得到了一个绝佳的机会来观察一门全新语言的诞生。这种语言正是由孩子创造的。

20世纪70年代后期,尼加拉瓜开设了第一所聋哑人公立学校。

学校里的聋哑学生的父母听力都是健全的，学校的老师主要通过唇语教学。但是，学生们在乘坐公交车时和吃午饭时等非正式场合可以通过手势进行交流，这很快导致孩子们创造了一套表示常见词语的符号。这是一套非常基础的交流系统，但是它能让孩子们开始互相理解和互动。

当下一届学生到来以后，一些奇妙的事情发生了。年轻的学生们很快学会了之前的学生建立的符号系统，开始能够与同伴交流，但他们并没有停下来。他们在使用这种语言的过程中，逐渐自然地增加了语法上的复杂度来传递额外的信息。例如，想描述"快车"的手语使用者可以在稍稍偏左的空间做出"车"的手势，然后在同一位置做出"快"的手势，以表示这两个词要放在一起。这种类型的动作是发展成熟的手语的一个重要组成部分。在成熟的手语中，手语使用者会有意地使用空间中的精确位置来表达含义。这些孩子不仅使用这种语言，还改进了这种语言！在有了额外的语法结构之后，这些孩子的手势交流方法转变成了一门真正的、复杂的语言，它在今天被称为尼加拉瓜手语。

你是否觉得尼加拉瓜的聋哑手语者只是一个孤立的例子，只有这些孩子曾经成功地创造了一种语言？请想象一下我们用手语做出了表达"打住！"的手势。历史上曾有几次，语言不通的人们必须进行交流，而孩子在将这些人群的独立语言梳理成每个人都能使用的语言方面发挥了关键作用，每次都是如此。

有时，孩子会创造出全新的说话方式。它虽然不是完整的语言，但仍足以向成人隐瞒他说的内容，比如用拼音首字母代替完整的词语。例如，用dbq代替"对不起"，用yyds代替"永远的神"。尽管这些话在成人听起来特别傻，但这种说话方式能够达到欺骗父母的预期效果。安珀小时候还曾与朋友创造出了属于她们自己的黑话，即在英语单词的每个音节中插入dig。我们想"天道有轮回"，因为就像世界上之前的许多代儿童一样，我们的孩子们也编造了自己的语言。他们会花费所有游戏时间和朋友们一起研究它，用听起来像胡言乱语的词语来嘲弄我们，而我们从来没有完全破译过他们的"密码"。不过，我们确实弄清楚了他们想吃冰激凌时会说什么。（谁不想吃呢？）

如果你想鼓励孩子在语言上展现创造力，但又想自己能够搞明白他到底在说什么，可以试一试以下这些有趣的文字游戏：

## 绕口令

与朋友和家人一起被绕口令绕住，比把"扁担绑在板凳上"或者跟炮兵一起"并排北边跑"更有趣。这些经典的绕口令显然是可以和孩子分享的，但你们还可以探索很多其他的绕口令。《你的舌头有没有打结》一书包含了大量现成的绕口令，你和小书怪可以利用它互相挑战。你们也可以让一句话中的所有词都是发音相似的，创造自己的绕口令。我们的孩子也编了一些绕口令。我们会轮流尝试，看每句能说对多少次，直到我们舌头"打结"。请提醒你的孩子这只是个游戏，所以每个人的错误都可以一笑而过——包括你自己的！

### 傻傻的断句

学习一种语言的一个主要任务就是搞清楚句子从哪里开始、在哪里结束，以及如何把一整句话分割成独立的单词。我们的儿子发明了这个语言游戏，因为他意识到有些单词可以在不同的地方分段，而它的含义也会大大改变。你可以与小书怪一起发挥创意，想出你自己意想不到的组合，例如：

◎ "天才知道"可以理解为"只有非常聪明的人才知道"，也可以在中间加一个逗号，变成"天，才知道"。

◎ "南京市长江大桥"可以理解为"南京市的长江大桥"，也可以在中间加一个逗号，变成"南京市长，江大桥"。

◎ nowhere这个单词里有一个no和一个where。

◎ carpet这个词里有一个car和一个pet。

### 斯本内现象

如果你曾经在说英语时不小心把想说的两个词的一部分混在一起，例如说出"I need to nake a tap."①，那么你就已经体验过斯本内现象了（而且，你确实可能需要去小睡一下了）。对小书怪来说，故意想出一些混乱的、滑稽的词汇是非常有趣的。如果你在一开始

---

① 正确的说法是"I need to take a nap."（我想小睡一下。）。这是英语中的一种语言现象，在中文里比较接近的例子是把"华生，你发现了盲点"说成"盲生，你发现了华点"。

需要一点点小灵感，你可以去看看乔恩·阿吉写的《多事的聪明人》这本书！

## 词语罐子

你可以在家里准备一个专门储存特别有趣的、复杂的，或者有多重含义的单词的"词语罐子"。拿出一些草稿纸，写下书中某一章节里的或者你们脑海中冒出来的奇怪单词，并把它们放入罐子中。然后每天从罐子里抽取一个新词与你的孩子讨论。如果你愿意，你可以组织一场友好的竞争，看看在一天中谁把这些奇怪的单词放入日常对话的次数更多，或者谁的使用方式更有趣。请确保每当有人说出这个词的时候，你们都通过某种方式进行庆祝，例如欢呼、大喊、跳舞或者击掌。

# 第二十二章　小书怪渴求事实

浣熊能够在尝试10次以内的情况下学会开一个复杂的锁。6周大的猪就能够学会借助镜子走迷宫。乌鸦能够记住垃圾车穿过城市的路线。它们为什么这样做？对于上述这些动物来说，答案就是食物。小书怪也喜欢学习一些现实生活中的东西，而他们这样做的动机是与这些动物完全不同的。

渴求了解事物是人类生来就有的特质。从我们来到这个世界起，我们就开始试着学习一些事情，例如，"在这个房间我能认出谁的声音？""我之前待过的舒服的子宫去哪儿啦？""如果我把这个乳头放进嘴里会发生什么呢？"（这样说来，小书怪的动机也有一部分来源于食物）。我们对知识的搜索并不止步于此。随着孩子越来越大，他对知识的渴望会表现为不停地问父母问题，这让他有时候就像是一个永不停火的问题发射器。

在基本的层面上，知道如何找到食物、如何在晚上保持温暖、如何避免被河马踩扁的知识是生存的关键。在更高级的层面上，我们追寻着与其他人建立关系、找到爱情、获得事业和经济上的成功、变得快乐的最好方法。当你以这种方式思考时，学习其实就是生活的全部。而且当小书怪有心情学习时，他们首先找的就是非虚构类书籍。

# 对非虚构类书籍说"欢迎"

非虚构类书籍是传达事实的。有些人可能会对此感到困惑："为什么我们还需要教给孩子事实类信息呢？难道他不能在网上搜索他想知道的任何东西吗？"确实，技术让获取信息变得前所未有地快速和容易，但"无聊且过时"地在大脑中储存一定量的知识是有益的，这有以下几个原因。例如，了解事实可以帮助我们：

### 理解新事物

你知道得越多，你就越容易理解遇到的新事物。在本书"召唤小书怪的完美方法"一章中，我们介绍了拥有巨大的词汇量对阅读很有帮助，这是因为孩子们在阅读时能够更好地识别出熟悉的单词。这一点也同样适用于事实类信息。当孩子对世界的运作方式有了更多了解时，他们就能在阅读故事或者别人的观点时更好地理解它们。

### 学习新事物

知识丰富对于整合新信息来说很有帮助。例如，如果你已经很好地掌握了与木工的相关基本知识，你就会更容易理解和记住某个木工工具的用途。无论你正在学习哪一类特定领域的知识，如果你已经有了一些可以提取的相关知识，它们都会对你很有帮助。

### 掌握批判思维

我们都希望孩子发展成为有见识、有批判思维的人，而不是被动接受读到和听到的任何事情的柔顺绵羊。如果孩子具有学习和讨论实际信息的经验，他会更容易掌握批判思维。

### 解决问题

在学校中和在生活中，孩子会面对很多不同类型的困难。这就是为什么变得擅长识别问题、想到方法、并创造有效的解决方式对他来说是很重要的。尽管普遍的技能（例如创造性和韧性）对解决各类问题都很重要，但是具有内容类的知识以及学习这类知识的能力同样重要。

如果这些获益都不够，下面这个理由也许更能切中要害：与你的孩子一起阅读和讨论他感兴趣的主题的非虚构类书籍会对他以后的学业成绩有帮助。孩子最终需要从书本中学习大量的信息，并在阅读参考材料后构思研究论文。所以让孩子习惯学习和阅读事实类信息对他为上学做准备很有帮助。

在你的家庭图书馆放一些非虚构类书籍很重要，你可以在与孩子一起朗读时讨论书上的内容。儿童接触的虚构类书籍的数量要远高于非虚构类书籍的数量，对女孩来说尤其如此，因为非虚构类的书籍经常被刻板地定义为"男孩的书"。但是由于阅读非虚构类书籍的体验对教育很有帮助，因此在虚构类和非虚构类书籍中寻找一个平衡点对所有性别的小书怪都很重要。父母甚至可以将虚构类和非虚构类书籍以某种方式进行配对以互相促进。例如，当你们读完虚构故事《饥饿的毛毛虫》之后，可以读一读非虚构类书籍《天啊，一只蝴蝶！——有关蝴蝶的一切》。这样做不仅会帮孩子学到更多关于毛毛虫变成蝴蝶的真实生命循环的知识，也会教给他更加珍贵的一课——阅读非虚构类书籍既能学到东西，又很有趣！

为了给孩子提供有关科学、历史和其他科目的易懂的知识，你可以寻找一些专门针对儿童的有趣的解释类书籍。例如，"人物传记"系列书籍包含了杰出历史人物的专辑，可以帮助孩子把历史看作一系列有趣故事的集合，而不仅仅是需要记忆的无聊日期。《好奇孩子的科学书：给4～8岁儿童的100多个自己动手的创造性科学实验》用互动性的实验向孩子们展示科学可以多么有用、令人激动，以及精确。

现在的儿童非虚构类书籍远远超出了教室的局限，涵盖了很多孩子可能会好奇的其他信息。由于如此多的主题都可以激发孩子的兴趣，学习新知识对孩子和父母来说会同样有趣，也具有令人惊讶的启发性。我们家尤其享受探索以下主题的内容：

### 建　筑

随着时间的推移，我们家疯狂的孩子们开始被大量关于建筑的书籍吸引，从各种虚构故事（例如《晚安，工地上的车》）到关于家庭改造和防治虫害的实际、全面的指导说明无所不包。但是，他们最喜欢的建筑书是关于乐高建筑的。市面上有很多指导书向孩子们展示如何用已有的乐高零件搭建出无数作品。我们的孩子最喜欢的其中一本书是《乐高创意之书：打开你的想象力》。

### 烹　饪

我们年龄较大的两个小书怪都很喜欢烹饪。我们的大女儿喜欢制作纸杯蛋糕、馅饼和其他令人惊叹的甜点，她在诸如《儿童厨师烘焙：优秀儿童面包师的食谱》的烹饪书中读到了这些食谱。而我们的儿子则很喜欢寻找他能找到的最奇怪的烹饪书。《恶心的食谱》鼓励他开了一个以"恶心"为主题的派对——他为朋友们做了一顿奇怪的饭，还在一个鼻子形状的彩色罐子中倒上了绿色的糖果。你永远也不会知道孩子的灵感被激发出来时会创造出什么！

### 手　工

说我们的孩子们"超级喜欢"艺术和手工都是低估了他们的喜爱程度。他们读过关于缝纫、画画、折纸、用硬纸板进行创作等主题的书籍。基本上，他们喜欢一切能把家里搞得一团糟的事情。《卫生纸卷筒活动手册：可以制作的30多件精彩作品》以及《用猫毛制作工艺品：与你的猫一起制作的可爱工艺品》两本书都介绍了你可以用最普通的家具物品做出什么令人惊异、富有创意的手工艺品。

这份清单远远没有涵盖孩子可以通过非虚构类书籍探索的所有主题。我们向你提出挑战，请你前往当地图书馆，在儿童非虚构类图书区看一看。你一定会惊讶于现在的孩子拥有的选择有多少。如果顺利，你也能找到一些与你的小书怪的独特兴趣有关的东西！

## 在书籍之外寻找事实

请记住，书本并非学习的唯一途径。养育小书怪还需要为他营造合适的生活方式，让他可以享受在任何地方遇到的词语、语言和想法——而这些事实类信息几乎无处不在。为了激励你出门去寻找这些信息，下面我们将介绍一些书架以外的地方，在这些地方你和热爱知识的小书怪可以进行信息性的谈话和文字互动。

### 博物馆

博物馆里有很多领域的有趣知识可供探索，包括艺术、科学、历史、文化等，而且所有博物馆中都有包含丰富文字信息的展品！

## 动物园、水族馆和野生动物保护区

小书怪从交谈和大笑中学到的东西和从安静地坐着阅读中学到的一样多，所以请与你的小书怪一起享受看野生动物的经历，并讨论你们看到的事物吧！

### 徒步路线

出门探索大自然是一个把科学事实带进生活的好办法。大自然能教给孩子很多知识，尤其是在路上有标语牌的时候！

### 历史地标

告诉孩子历史就在我们周围，用这种方式帮助他理解历史与你们的关联。探索当地的历史地标，去一个新地方的时候也找一找。

### 纪录片

选择看纪实类的内容，例如纪录片或纪实类的电视节目，这是一个充分利用屏幕时间的绝佳方法。我们家对BBC的纪录片《卧底海豚帮》百看不厌。这部纪录片的制作人创造了一批"间谍生物"，让摄像机看起来像普通的海洋生物，秘密地记录了人们从未见过的野生海豚的活动。

### 课　程

人们每接触一项新的活动都需要学习这一领域的术语和专业

知识。你可以在任何领域为孩子找到课程，包括运动锻炼、艺术手工、话剧、科技、厨艺、象棋等。另外，让孩子参与到活动中是一个很好的方法，可以让他的头脑和身体保持健康活跃。

## 旅　行

非虚构类书籍都是关于我们周围的真实世界的，而了解世界的最好方式就是生活在其中。所以走出去吧，别停下来，去看新的事物，和新认识的人交谈，去亲身体验世界中的事实。

# 第二十三章　小书怪重视细节

　　柄翅卵蜂体长不到一毫米，但它们特别爱吃其他昆虫的卵，这使它们成为农民控制害虫的宝贵工具。金色毒蛙可能小到可以站在一角硬币上，但它们体内含有的毒素却足以杀死至少10个成年男子。还有，刺猬宝宝非常非常可爱。

　　去查一查吧，你会明白这都是真的。

　　如果你忽略了这些小小的生物，你就会遗漏一些能够帮助你或者可能伤害你的信息，还可能让你大叫："啊！这是哪来的可爱小刺猬？"同样，如果小书怪忽略了文本中的细节，他也会遗漏一些至关重要的信息。这就是为什么随着你和孩子的阅读进程推进，你需要与他讨论重音、语法、图片等细节。因为你一直在展示阅读可以是互动式的、需要交流的，孩子会很愿意时不时停下来沉醉在书里的细节中。

不要认为这些谈话是一次性的。随着你们开始读不同的书，你们会一遍又一遍地谈论这些细节，所以每当它们吸引了你的注意，或者可能为你分享的特定故事增加有趣的信息时，你都应该提起这些细节。随着它们重复出现，你会发现孩子开始理解这些知识，你也会想要逐渐以更复杂的方式与他进行讨论。

## 插图中的细节

插画师给一本书配图片是有目的的，他们选择画出来的细节对加强和补充故事的文字有很大帮助。以下是一些我们最喜欢谈论的与插图相关的话题：

### 线　条

放在合适位置的线条能够传递很多信息，这也许会令你惊异。曲线能够表示运动，折线可以追踪一个移动物体到其所在位置的轨迹，而线条末端的云朵状线条可以告诉你某人或某物刚刚超快地移动了。从角色脸上向外发散的线条可以表示惊讶，头上的一大堆黑漆漆的线条可以表示愤怒，而从角色身上伸出来的弯弯曲曲的线可以让你知道他需要洗澡了！

## 角　色

仔细观察人物的面部表情、身体语言，以及插图中可能包含的其他细节。你可以通过讨论插图提供了哪些关于人物思想、情感和动机的线索帮助孩子练习共情。"这个角色看起来是开心还是伤心呢？为什么你认为他有这样的感觉？"

### 对话与想法泡泡

如果你想深入了解人物的感受和动机，没有什么比标注了他们所说和所想的气泡更有参考价值了！一定要读出这些泡泡里的内容，这样不会阅读的孩子就能知道角色说的是什么。你在读的时候一定要指着这些字，以便直观地表示出这些话和想法来自哪个角色。你可以与孩子讨论一下如何判断一个角色是在说这些话（这时泡泡中有一个箭头指向说话者），还是只是在想这些内容（泡泡和思考者的头之间有小圆圈）。

我们的儿子在长期迷恋加菲猫漫画书的过程中得到了很多关于想法泡泡和对话泡泡的练习。在漫画书中，加菲猫是一只宠物，不能讲话，所以他的人类主人乔恩一直使用语言泡泡，而加菲猫一直使用想法泡泡。我们喜欢通过想象乔恩的视角来改变我们的阅读方式。因为我们知道乔恩不知道加菲猫在想什么，我们会用手指遮住它的泡泡。有时这比漫画本身更让我们崩溃，因为我们意识到，如果乔恩真的不了解加菲猫的想法，他的反应就没有什么意义。有一次我们甚至发现了漫画中有一处与别的地方不一致的地方，发现加菲猫用了对话泡泡！看我们的小书怪如此关注每个泡泡的具体细节真的很有趣，因为他知道这是理解漫画中笑点的关键。

### 与文本的联系

就像书中的文字一样，图片也在讲述它们自己的丰富故事，而评估文字与插图的匹配程度可能会很有趣。你们可以好好看看这些图片，谈谈你能从这些图片中了解哪些文字中没有的信息，或者文字中具有的哪些细节是图片中没有的。随着小书怪长大，阅读的书中插图越来越少，他会开始更多地在自己的头脑中创造故事。这时，你可以问问他头脑中想象的画面是什么样子的。"这幅插图与你想象中的场景有什么区别？有哪些部分是一样的？有哪些部分是不一样的？"你们甚至可以试着自己画图，既可以让这些图片的风格与书中已有插图的风格保持一致，也可以使用你喜欢的任何风格！

## 文本内容中的细节

当你与小书怪谈论文本时，你可能会惊讶地发现，提出细微的文本细节往往是有意义的，因为它们往往对充分理解故事情节至关重要。虽然注意标点符号和语法对于学龄前儿童可能过于有挑战性，但父母可以通过使用基本的对话式语言开始与任何年龄的孩子讨论这些问题。你需要指出概念，告诉孩子它的含义，提供额外的例子。最重要的是，你要让这个活动变得有趣！以下是一些文本中值得探索的细节：

### 感叹号

这看起来是小细节，但是小书怪也能欣赏。想象一下你正在阅读《花生酱和杯子蛋糕！》这本书，你可以指着标题中的感叹号，用简单的语言来解释它。例如，你可以说："看到这条竖线下面有一个点了吗？这个叫作感叹号，它的意思是，你在说这个符号前面的话时，要表现得非常兴奋。《花生酱和杯子蛋糕！》这个题目的最后有一个感叹号，你觉得我们应该如何把它读出来？"然后给你的孩子许可，让他尽可能兴奋地（这很可能意味着他要用很大的声音）说出这些话。在这次经历之后，孩子在以后阅读同一本书时看到同样的感叹号也会很兴奋,而且他在提示很少或没有提示的情况下可能也会记得要兴奋地说出书名。你也可以开始谈论你在其他书中发现的感叹号,问孩子它们是什么意思,并将它们与其他标点符号进行比较。

## 问 号

当你在感叹号的那条直线上加一条弯曲幅度很大的曲线,你就得到了一个问号。告诉你的孩子,当他在一句话的结尾看到这个符号时,他就需要用疑问的语气说出这句话。你们可以好好练习一下,在说句子的最后一个词时加重语气,甚至可以挑起眉毛、耸动肩膀以充分表达你的语气。如果你碰巧遇到一句西班牙语的疑问句,你可以与孩子讨论一下,西班牙语的疑问句有什么特点。它不仅结尾有一个常规的问号,而且在句子开头也有一个倒着写的问号。"¿这是不是很神奇?"

## 句 号

用来结束大多数句子的句号可能不像它的朋友感叹号和问号那样引人注目,但小书怪仍然乐于了解它们。"你看,这个句号的意思是说这句话结束了,你可以稍微暂停一下,喘口气。"

### 其他标点符号

除了在句子的末尾用到的标点符号,很多其他类型的标点符号也值得讨论。我们知道，一些人仅仅听到"标点符号"这个词就会犯困，但是如果你把它与故事联系在一起，并以一种对话的方式进行讨论，我们保证你不会感到无聊。

| | |
|---|---|
| , | 英语中的撇号主要用于表明所属关系［例如"This is Daddy's favorite chair."（这是爸爸最喜欢的椅子。）］，或者表示缩略语［例如"Daddy's sleeping in his favorite chair."（爸爸正在他最喜欢的椅子上睡觉。）］ |
| "" | 引号都是成对出现的，告诉你引号中的话是某些人说的原话 |
| ( ) | 括号也是成对出现的，里面的内容是题外话、事后添加的部分、笑话，或者其他想法（就像这句话一样） |
| : | 冒号用于列表或者对某事物的解释之前。此外，在人们发明更加好看的表情之前，也会把冒号和右括号结合在一起，表示一个躺着的笑脸:) |
| ; | 分号是逗号和句号的混合体。人们在撰写正式的文书时倾向于使用分号；因此，你在童书中不会经常发现这个符号。此外，这个符号也可以做成一个向你眨眼的笑脸;) |

## 大写字母

你可以与小书怪讨论很多关于英语中大写字母的事情，例如英文句子、名字和标题的开头都要大写。但当你谈到如何用大写字母表示强调的时候，事情就变得特别有趣了，例如你可以让一句话里全都是大写字母来表明它尤其重要，或者表明一个角色非常大声地喊出了一句话。在遇到这种情况时，孩子能真的进入到对话的情境中,因为这说明他可以再次大喊了。

## 空　格

花时间去思考英文中单词之间有空格这样简单的事情可能很奇怪。但是小书怪需要知道空格有着重要的作用——它们把单词分隔开,防止所有单词混在一起。当孩子第一次开始自己写单词时,这一点可能特别难记住。让孩子记住保持空格的一个好的技巧是让他在写完每个单词后用手指隔开间距,让他在开始写下一个单词前留出空间。

### 前缀和后缀

通常加在英文单词开头(前缀)或结尾(后缀)的字母组对小书怪来说特别有趣,因为它们以一致且可预测的方式改变了所附着单词的含义。随着孩子在学校进行学习,他将被要求阅读教科书,每天学习多个新单词。孩子如果已经熟悉了一些常见的构词部件,就能更轻松地学习,也能更快地解码新单词的含义。例如,如果孩子学到integrate(整合)这个单词的意思是把不同的事物结合在一起,而且也知道dis-这个前缀的意思是not(不),那么他就能猜到disintegrate的意思是把事物分开。以下是一些其他的前后缀,你可以在与孩子谈话的时候随意地提及它们:

| a- | 表示否定；表示处于某种过程或状态中；表示强调语气 |
|---|---|
| -ed | 表示过去式 |
| im- | 表示否定，与……相反 |
| post- | 后，在……之后 |
| -able/-ible | 可……的，能……的，应……的；具有……性质的 |
| -er/-est | 表示比较级和最高级 |
| -ish | 像……的；某民族的；有点……的 |
| pre- | 先于，在……前 |
| anti- | 反对，相反、反抗 |
| -er/-or | ……的人 |
| -ist | 某方面的专家、从事者，某主义者 |
| re- | 重复、重新；再、又 |
| co- | 共同、联合，和……一起 |
| extra- | 特别、格外的，或表示程度高；在……之外，超出 |
| -less | 无，没有 |
| -s/-es | 表示复数 |
| com-/con- | 共同；完全 |
| -ful | 充满……的；有某种倾向的；有某种性质的 |
| -ly | 处于……状态、具有某种性质，构成形容词 |
| -tion | 表示结果、状态、行为，构成名词 |
| de- | 除去，脱离；向下 |
| in- | 不；在……内 |
| mis- | 坏、错误、否定 |
| un- | 不；表示相反的动作 |
| dis- | 表示否定、分离 |
| -ing | 表示进行时态 |
| non- | 无，没有 |

## 符 号

在纸质书中，你会发现许多孩子可能不熟悉的符号。即使你无法记住每个符号的学术名称，或者无法发出"&"的发音，你们依然可以讨论它们的含义：

| & | 它是用来表达"和"这个简单含义的一个疯狂且弯曲的符号 |
|---|---|
| @ | 这个符号可以用于邮件地址和社交媒体，当孩子想对他开的柠檬水小摊的发票做一些快速的会计工作时，它也会派上用场 |
| # | 这个小可爱用处很多，它可以表明数字顺序、社交媒体标签、音乐中尖锐的音符，甚至可以代表某样东西的重量！ |
| ¥ | 它是人民币的符号。当你的孩子知道什么是零花钱之后，就会经常对你提起它了 |
| % | 百分号告诉你事物在整体中所占的比例（例如，"这些孩子有99%都让我烦死了，但好在他们100%可爱"） |
| * | 放在一个词或句子后面的星号通常意味着"往下看"——因为在其他地方的另一个星号旁边还有更多故事。例如，你的孩子刚打开的玩具盒底部可能会有一行细小的字：<br>*不包含电池 |
| / | 斜杠可以在很多地方使用，包括表达"或"或者"和"的含义、在数学中表达分数、把日期/月份/年份进行划分、在曲子和诗歌中表示分隔、用于地址或网站，它还在名为摇滚乐队中担任主音吉他手① |
| —— | 破折号可用于表示故意的暂停或想法中断，与句号和括号类似——不知道你有没有发现，我们很喜欢用这个符号！ |

---

① 摇滚乐队 Guns N' Roses（枪炮与玫瑰）的吉他手名为 Slash，即"/"这个符号的名字"斜杠"。

| …… | 省略号可以用于……戏剧性的停顿！ |
| --- | --- |
| &@#￥%* | 把一堆符号放在一起，你就得到了一个完美的对话泡泡，它很适合一个刚刚绊了一跤的角色 |

# 书籍本身的细节

通常，当孩子让你给他读一本书时，他想听的往往是以"从前"开头，以"从此幸福地生活下去"结尾的故事。但是除了故事，书籍页面上还印着很多其他可以读的字母和数字。因为小书怪喜欢学习一切与阅读有关的东西，所以在某些时候他会希望你也能读一读这样的内容：

## 作者与插画师名字

读出那些为了取悦你而努力的人的名字，这不仅是对他们表达尊重，也是在告诉你的孩子：创作图书是他有朝一日可以做的实际工作！

## 页　数

通过指出书本角落里的页码，你可以让孩子展示一下数学和计数技能。当你没有书签时，它们对于你记住自己看一本篇幅很长的书看到哪里也很有用。

## 目　录

在儿童故事书或者短故事集中,目录在正文开始之前列出了这本书的每一部分从哪里开始,非常适合用来直接跳到你要找的章节。

## 索　引

索引通常在非虚构类和技术类书籍中出现,这些位于书末的列表按字母顺序列出了书中出现的各种主题和观点所在的页码。

### 版权信息

不可否认,大多数人几乎都不会阅读书本中这个最不起眼的部分。但如果你看看书的扉页背面,你和你的小书怪可以发现这本书是什么时候出版的、出版商是谁,还能读到一些吸引人的声明,说明你不被允许以任何方式复制它的任何内容。实际上,我们自己就曾在很多儿童书籍中翻到过这一页。大多数时候,当这些书籍中含有迷人的老式短语或可怕、过时的性别刻板印象时,我们都会想弄清楚它到底是谁写的!

# 第二十四章 小书怪热爱朗读

老鹰能威风凛凛地翱翔在令人生畏的高空。羚羊跳跃得非常优雅，人们会为它们写下爱的诗篇。鲸鱼每次呼吸时都会向空中喷射出闪亮的、有几层楼高的喷泉。当动物处于自信、舒适的最佳状态时，它们真的很美。

小书怪也是如此。

当你第一次看到你的孩子阅读书本上的文字时，你会感到一种无法否认的激动，但小书怪不会就此停下脚步。只有当孩子对接触到的所有词代表的意义有了深刻的理解，他才能对阅读产生持久的热爱。当阅读文字对他来说变得像呼吸一样自然、毫不费力的时候，当他真的感受到文字流入头脑和心里，他就会一页接一页地读下去。

在孩子学会读书的几年之后，他仍将在识字的更高级方面发展技能，包括流畅地朗读文本、回答与内容相关的问题，以及与书中的角色共情、把读到的内容戏剧化。你可以帮助小书怪达到这些目标。有时候大人会认为，当孩子能够独立阅读，自己就不用再给他提供帮助。但是，事实上，孩子在开始独立阅读词语的早期仍然会从大人给予的支持和分享的阅读经验中受益。这就是官方的、有科学依据的理由，让你尽可能多地与孩子一起积累快乐的阅读经验。（不用谢！）

# 流畅地朗读

成为一个高超朗读者的重要一步就是学会从容地、流畅地、准确地朗读。这种自然的朗读风格不仅十分悦耳，对于让孩子理解内容也十分关键。由于能够流畅地朗读的孩子不需要在发音上花费精力，他可以集中精力思考文字的含义，更充分地吸收内容。

当孩子能流畅地朗读之后，他就获得了以下能力：辨认词语、理解词语的含义、感受到相关的情绪，以及意识到这些词语可以如何与其他内容相联系。一下子要做的事情太多了，难怪成为一个熟练的朗读者需要大量练习——无论是独立朗读还是和其他人一起朗读。以下是一些小技巧，可以帮你的小书怪超级流畅地朗读书本内容：

## 向孩子展示如何朗读

作为一个成熟的、识字的成年人，你是流畅朗读的理想榜样。

所以请经常与孩子一起朗读书中的内容，因为你的孩子听到的合适的节奏、发音和变音越多，他就会越多地内化这些知识并将其融入自己的阅读过程。当孩子在某一篇文章中挣扎时，榜样的力量也是有效的。你可以先朗读一句话，然后让他读一遍。你们也可以一起读，进而帮你的小书怪掌握正确的朗读节奏。

### 使用有声书

有声书可以给你的小书怪提供另一个流畅朗读的例子（也能让你的嗓子休息一下）。在听有声书的同时让你的孩子拿一本纸质书跟着读，这样做可以让这个活动变得更有价值。为此，一些图书馆会提供同时借阅有声书和相应纸质书的服务。问问你们那里的图书管理员吧！

### 使用小书怪熟悉的材料

在着力改善流畅度时，使用孩子熟悉的简短段落可能会有帮助，例如歌曲或者童谣。因为孩子已经很熟悉它的文字内容了，他就可以将精力进一步集中于如何将其读出来，在尽可能流畅地读出文字方面获得有效的练习。

### 找到听众

孩子读书的声音越大，他对自己的能力就越自信。所以请让你家的"小讲师"与不同的朗读搭档进行大量练习——你、他的爷爷奶奶、兄弟姐妹、保姆、朋友、宠物、毛绒玩具，甚至是一片玉米地（地里的玉米肯定会全神贯注地倾听）。

孩子在学会流畅地朗读的过程中会犯很多错误，这是非常正常的，随着孩子获得更多的朗读练习，这些错误自然会得到解决。常见的错误包括漏掉词语、插入额外的词语、错误辨识单词或错误发音、用与正确的词含义相近的词来代替它（例如用"妈咪"代替"妈妈"），或者把字读成与它形近的字［例如把"迁徙"说成"迁徒"］。这些错误在孩子读得过快的时候会出现得更多。如果你觉得孩子出错正是因为读得太快了，你可以温和地提醒孩子放松，读慢一点。请记住，你们的目标是玩得开心，并探索一个很棒的故事，而不是尽快读到结尾。

如果你想纠正孩子的朗读错误，请随和地指出来，不要让孩子觉得他做错了什么事情。例如，你可以说，"噢，对了，'背包'这个词里的'背'这个字确实可以读'bèi'，但它还可以读'bēi'，就像在'背包'这个词里一样，有趣吧？"。给孩子指出错误的时机也很重要，所以不要一听到错误就大声说"你说错了！"。相反，你应该等孩子把这句话说完，看看你的小书怪会不会先察觉到错误。如果没有，你就以一种积极的、支持性的方式提供建议。根据错误的类型，你可以建议孩子再仔细看看这个单词、试着再次发音、用这句话或这个故事的背景信息猜测词义、向他提供你觉得可能会有帮助的其他信息，或者直接向他解释这个单词的含义。

我们的孩子还是新手阅读者的时候，我们发现他们经常在读像是 singing 或者 hopped 的英语单词时卡壳。这些单词看起来很长，令人生怯，但实际上却是由他们已经知道的单词组成的。如果你的孩子也是这样，你可以用手指盖住单词的结尾，对孩子说："现在试着读一读。"当他意识到单词的前半部分是 sing 和 hop 的时候，你可以再去讨论后半部分如何发音，之后再鼓励他把整个单词连起来读。如果碰到的单词结尾是常见的字母组合，你也可以这样提醒孩子："因为 i、n、g 三个字母的组合总是发同样的音，你可以直接记住这个发音，当你下次再遇到另一个包含了这个组合的单词时，你就能更容易地读出来了！"

## 理解朗读的内容

即使孩子能快速流畅地朗读，这也并不意味着他真的理解并记住了所有内容。理解与流畅朗读是不同的能力，而且理解对于孩子在当下享受他朗读的内容以及未来在学校有良好表现都是绝对必要的。学生在朗读和学习的时候，要能够有意识地监测自身的思考和学习过程——也就是持续地比较自己想学的内容和已经知道的内容，并相应地填补差距。即使是拿一本故事书读着玩，小书怪也需要能够评估自己对文本中每句话的理解，随着朗读过程追踪整个故事的发展，并检查是否遗漏掉了一些重要的信息。上面这句话也充满了复杂的信息，对你来说现在就是一个监测自己理解能力的绝佳时机——如果你认为自己没有充分理解刚刚读到的这些内容，回过头再读一遍吧！

有些家长可能认为有些孩子天生就更擅长这些，所以自己没有什么能做的。但事实上，任何孩子都能通过学习掌握朗读的能力，他只是需要指导而已！有研究表明，孩子们在监测自己的思维、学习技能和解决问题的策略等方面需要得到的明确指导的强度存在跨文化差异。具体来说，德国家长往往会给孩子提供更多这类信息，而他们的孩子也会从中获益（当然，德国家长也会给孩子提供很多美味的香肠，这是另一个福利）。如果你本身小时候并没有得到太多类似的指导，那么你过去可能是依靠自己搞清楚如何朗读和学习的。但是，如果当时有人告诉你如何做，这个过程难道不会更快、更简单吗？以下是一些简单的方法，你可以用于教孩子思考和提升理解能力：

## 在头脑中照一张相片

在脑海中想象一个故事的外观、声音和气味是朗读中最神奇的部分之一，特别是当孩子读到没有什么插图的书时。但建立针对事件的心理图像也能帮助你理解非虚构类文本和学校作业。鼓励孩子在朗读的时候积极思考，并尝试想象一下那些句子的含义。即使你是逐字逐句地朗读，但是如果你的大脑失去了重点，你就会发现自己漏掉了信息。（曾经在任何时候不得不回头重读甚至再重读一个文本段落的人都明白这是什么意思！）

## 停下来总结一下

时不时暂停一下回顾整个故事，并思考你的理解。如果你发现自己对文本中的某些部分没什么印象，你可以往前或往回翻看故事，让自己了解你所需要的内容。

## 把自己代入文本

理解新信息最有效的方法之一就是把它与你已经知道的信息联系起来。鼓励你的孩子思考他可以如何把自己正在读的内容与真实体验联系起来。例如，如果你们在朗读一本关于船的书，你们可以聊一聊一家人一起坐船的经历，并讨论你们的经历与书中描述的场景有何异同。再例如，如果你们在读"黑衣公主"系列图书，你可以告诉孩子，你曾经有一次要保护家里的山羊，对抗一个从洞里钻出来并试图吃掉它的怪物。（当然，这只是个例子。）

## 说一说"为什么"

在学校，学生需要有能力参考教科书和其他指定参考书，以回答阅读理解的问题。通过与你讨论现在正在朗读的书籍，孩子的这一能力可以得到锻炼。你可以用以下问题开启讨论："你觉得这本书最重要的部分是哪里？""主角是什么样的人？"以及"你觉得这本书的寓意是什么？"在每个问题之后追问一句"为什么？"鼓励你的小书怪从回复"我不知道"，慢慢变成回复"我觉得……"，并且从故事中找到例子支撑自己的论点。这样做可以提升孩子的自信，帮助他更深入地理解和欣赏自己所读的内容。

# 对文本进行戏剧化处理

在小书怪能够自如地识别和理解书上的词语之后,他就可以进行最后一次飞跃,成为真正雄辩和富有激情的朗读者。你问这次飞跃是什么?那就是把读到的内容进行戏剧化处理。带着表情朗读能够展示出对故事的每一个关键点所表达的情绪的理解,让读者从机械地进行乏味的诵读任务转变到享受将书籍带入生活这一令人振奋的经验。

当你看到孩子把他最喜欢的书中的场景表演出来,或者模仿书中人物的面部表情,再或者仅仅为了好玩而戏剧化地说出台词时,你就会知道他得了"朗读狂热病"。这种"疾病"再加上你持续提供的支持、创造力和鼓励,他永远都不会"好"起来了。以下是一些可以促成这一结果的方法:

## 带着感情再读一遍

在本书"给小书怪读书的正确方法"一章中,我们曾建议你在与孩子一起读书的时候充满感情地进行朗读。随着孩子开始越来越多地自己读书,鼓励他带着感情朗读也是一个好主意。如果你感觉他的注意力太过集中于朗读文本内容,导致他的声音听起来像是毫无起伏、毫无感情的机器人,你可以试着"重启"他的系统。例如，你可以说："嘿，你刚刚读得真的很棒，但是我刚刚想到了可以让它更有趣的方法！你再读一遍最后一句话，但是这次可以想一想，你认为那个试图接管世界的邪恶的、变异的、有犯罪预谋的鸵鸟角色会怎么说话呢？"

## 允许孩子表演出来

因为孩子很喜欢玩假装游戏，有时候他会不自觉地把读到的故事表演出来。当他这么做的时候，你可以花点时间当一名全神贯注、欣赏表演的观众，这会进一步促进孩子的行为。当我们的孩子在读"玩偶人"系列图书时，他们从中得到鼓励，也建造了自己的玩偶之家，并与它们一起冒险。他们也会假装自己也是玩偶，遵守书中提到的规则：人们不在看他们的时候，他们可以说话、移动；但当有人看他们的时候，他们要保持一动不动，暂时维持像雕塑一样的"玩偶状态"。我们的孩子会疯狂地"冻结""复活"，并试着"捕捉"彼此的移动。此外，这么玩也会帮他们更好地理解书中的角色并与它们共情。

## 做鬼脸

当一本书描述一个角色做鬼脸、感受到一种独特的情绪，或者以一种不寻常的方式说话或移动时，你可以让孩子也试着做一下这些动作。我们家也总是这样，孩子们为了演出刚刚读过的故事最离谱的版本，会互相"攻击"（并"秒杀"我们）。你甚至不需要拿一本书就可以开始这个游戏。你可以只是选择一种感受，例如惊讶、愤怒、悲伤、惊吓、沉思，或者任何你能想到的感受，并让孩子做出相应的表情。

## 试着模仿别人

模仿别人是一个很简单的活动，小宝宝也可以做到，而且对于大一点的孩子和成人来说依然很有趣。你可以与另一个人面对面坐着或者站着，并试着模仿对方确切的动作，就像你们在照镜子一样。请确保双方轮流成为带领者，并且试着增加游戏的挑战性。你们不要仅仅复制动作，还要复制表情、情绪、词语、声音、歌声、从魔术帽中变出一只鸽子，或者任何你想要做的事情！

## 演一出戏

你可以鼓励孩子设计并在家表演自己的剧本，向他展示这是多么有趣的事情。他可以自己写一个原创故事，也可以使用儿童剧本书中的台词，例如《灰姑娘的脚长得比玻璃鞋大了以及其他古怪的碎片童话剧》，或者对他耳熟能详的童话进行重新改编，例如改编《金发姑娘和三只小熊》。大一点的孩子可以扮演台词多一些的角色（例如金发姑娘），小一点的孩子可以扮演没有台词的角色（例如麦片粥）。有些家庭甚至有一个传统，每当节假日全家相聚时，他们就在一起创作话剧。或许你们家也可以建立这个传统！

# 结　语

## 小书怪能克服任何困难

恭喜你，你做到了！你已经深入孩子的内心，发现了隐藏在这里的难以捕获的小书怪了。你已经学会了如何照顾它、喂养它、与它一起工作、一起玩耍，得到了一个蓬勃生长的小书怪"样本"。看起来你的工作已经完成了。

开玩笑的！

就算读完了本书的最后一页，你的任务也还没有完结，即使你的孩子成为独立的读者也不会完结。实话实说，养育小书怪绝对是一个长期的大工程。在接下来的几年里，孩子还会有很多需要学习、练习、提升、掌握的事情，所以请一直参与孩子读写能力的成长过程，并持续把阅读作为一种生活、大笑和表达爱意的方式。当你这样做的时候，把你的孩子培养成小书怪，无论对孩子还是对你来说都是你能做的事中最能带来收获的！

但我们也要实话实说：这件事不会一直很简单。把尽可能多的书籍和对话融入家庭生活听起来像是一件简单的事，所以当你发现为小书怪养成计划找到合适的日程需要一些技巧时，你可能会很震惊。朋友，我们需要大量试错。而且一路上还会有各种潜在的陷阱。以下是一些你可能会掉入的陷阱：

## 因为尝试一边走路一边读书而撞到东西

一旦你的孩子爱上读书，他就会想随时在任何地方读书，包括去另一个地方的途中，而这可能会导致他因为读书而不小心摔倒。我们家孩子一年级时，有一次和朋友一边走一边全神贯注地看《华特·迪士尼精选集：唐老鸭第一卷》。直到从一段三级的台阶上摔下来，她们才从书本里抬起头来。

## 边吃饭边读书

我们曾经想建立家庭读书日程，所以当有人告诉我们，他们喜欢在吃饭时给孩子读图画书的时候，我们认为我们家也可以尝试一下这么酷的事情。但我们尝试以后才发现，在饭桌上读书会减少彼此的联结，让我们无法给其他人分享每天的生活。后来，我们又发现让孩子们在吃饭的时候自己看书对互动也有同样的消极影响。因此，现在我们在吃饭的时候会很小心地禁止书籍和其他分散注意力的事物（例如科技产品、玩具）出现，只有在全家都一起朗读图书的时候例外。

### 逃避责任

狡猾的小书怪会意识到书本对家庭的重要性，他可能会尝试把阅读当作逃避家务、作业、睡觉或其他责任的借口。我们知道把书（和书本带来的大量益处）从你的小书怪身边拿走对你来说很困难。但是别担心，你的孩子把碗筷摆放整齐之后又会马上回去阅读的。

### 视力变差

你担心孩子一整天近距离地盯着书本会让他近视吗？不止你有这个担忧。好在小书怪知道如何以各种各样的方式享受语言和文字的乐趣，他可以用书本，也可以不需要书本。请确保你经常带孩子出门，因为有研究表明，无论孩子花多少时间把头埋进书本里，花些时间接触自然光线都有助于预防近视以及减缓近视的发展速度！

### 被纸割伤

哎呀，好疼啊！小心呀，小书怪们！

### 用尽书架的空间

这一点戳到了我们的痛处，因为我们住在城区，生活空间的成本很高。所以我们尽可能扩大可用空间，在空着的墙边做书架、在我们的衣橱和游戏柜中寻找位置放书，并每隔半年仔细整理一遍家里的东西，把不需要的东西处理掉。（我们说的是装成大包小包的破损贝壳,还有破烂的儿童餐桌或玩具!)

## 使用大量胶带

在小书怪小时候,他对待书籍是比较粗暴的。婴儿很喜欢把书塞进嘴里,所以买一些耐用材料制作的书(例如沃克曼出版公司出版的"坚不可摧书籍")是明智的选择。在学会温柔地对待书籍之前,学步期的孩子会撕掉大量图书的封皮和正文页面。而且即使是大一点的孩子也不能避免时不时把书撕坏。因此,你可能需要准备大量胶带以修复书本。我们家最大的小书怪4岁的时候就已经习惯了用胶带修复书本的程序,甚至会主动修复她在图书馆刚借出的书中发现的严重撕裂的页面。直到图书管理员通知我们,我们家因此被禁止借阅更多的书籍以后,我们才发现了她的行为!显然,我们女儿尝试进行的修理工作被误认为是破坏行为。其原因除了修理结果看起来像是一个4岁孩子的杰作以外,还包括她粗心地使用了双面胶——这让那本书的情况看起来更糟糕了。

## 失　眠

我们儿子的睡眠时间确实因为书本减少了。但他并不是像你想的那样,把书藏在被窝里打着手电筒看。他只是在该睡觉时思考书中的内容。有一天晚上他告诉我们他睡不着,因为他不停地想他有多想要达夫·皮尔奇的《狗狗神探》这本书。他听说几个月后这本书就会发行。我们告诉他我们已经预定了这本书,一有货他就会得到——所以别想了，赶快睡。几分钟之后，他再次从房间走过来，告诉我们他还是睡不着，因为想到最终他绝对会拥有这本书，他实在是太激动了！

## 失去天真

因为小书怪会经常读到超出他所在年级水平的书本，所以有时候他会接触到一些还没有准备好接受的内容。就像有一次，我们上小学的女儿读了《中学就是一个游乐园》这本书。这是一本带有可爱插图和容易理解的故事的故事书，但是也包含了一些具有浪漫色彩的情节，对当时的她来说可能过于成熟。即使你大声地给孩子读书，你也可能不小心读出一些你家不用的词语，例如"恨"或者"蠢"。你需要快速思考并对书籍内容进行审查删减。在检查书本的内容时，试着快速浏览简介，对书中那些比你的孩子大得多或处于高年级的人物要格外谨慎。

### 获得的进步无法预期

如果你担心孩子进步的速度不够快，你需要理解，养育一只小书怪会帮助孩子养成对文字的持久热爱，但这并非一朝一夕就能达到的目标。所有孩子都会在不同的时间点达到语言和读写能力的里程碑，你永远不会知道你家的小朋友会在什么时候开窍。请保持耐心，并放心，你与孩子分享的每一段对话、每一次阅读都会鼓励他在这条路上进步。但如果你还是有些担心，也请不用犹豫，直接向孩子的儿科医生咨询（他们的等候室也往往会有一些很棒的书！）。

　　毋庸置疑，你们在此过程中肯定会以与我们不同的方式经历这些问题，而且肯定也会遇到一些预料不到的挑战。但请把这些看作乐趣的一部分吧。你们很快就会拥有属于自己的故事，例如你的孩子在阅读过程中说到的有趣的事情，以及你们家以意想不到的原因被当地图书馆禁止借书。

　　我很荣幸能作为你们的向导，在发掘孩子内心的小书怪这一难忘的过程中发挥作用。尽管你们有这本书作为参考，但是你们未来可能还会有一些时候会遇到本书没有特别提到的情况。可能你们会发现一款新的"增强大脑"应用程序，或者"必备"阅读玩具，或遇到一些从未预见到的识字或育儿问题。当这种情况出现时，我们希望你能记得我们这本书传达的核心理念：

1. 与你的孩子沟通。

2. 给你的孩子朗读。

3. 在做这两件事的时候尽情享受！

　　如果你能记住尽可能多地、更经常地做这些事情，并且在可能有疑问时也坚持做这些事情，那么你和你的小书怪总会找到新的解决方法。

# 附录一

## 小书怪的书架

准备好要与你的小书怪一起阅读了吗？下面是一份我们在本书中提到的所有图书的清单，它们的顺序是按照我们在书中提到的"书籍金字塔"顺序排列的。请记住很多书属于不止一个类别，而"独特的兴趣"这个分类里可以包含任何书，只要你家的小书怪感兴趣！

| 培养读写能力 | |
| --- | --- |
| 《阿梅莉亚·贝德莉娅》<br>佩姬·帕里什／著 | *Amelia Bedelia*<br>by Peggy Parish |
| 《安和南是对变形词：混乱的词汇困境》<br>马克·舒尔曼／著 | *Ann and Nan Are Anagrams: A Mixed-Up Word Dilemma*<br>by Mark Shulman |
| 《讨厌的宴会！》<br>罗伯特·L. 福布斯／著 | *Beastly Feasts!*<br>by Robert L. Forbes |

| | |
|---|---|
| 《伯特与厄尼的第一本反义词书》<br>希瑟·奥／著 | *Bert & Ernie's First Book of Opposites*<br>by Heather Au |
| 《大小》<br>莱斯利·帕特里切利／著 | *Big Little*<br>by Leslie Patricelli |
| 《好吃难吃》<br>莱斯利·帕特里切利／著 | *Yummy Yucky*<br>by Leslie Patricelli |
| 《棕熊，棕熊，你看到了什么？》<br>小比尔·马丁，埃里克·卡尔／著 | *Brown Bear, Brown Bear, What Do You See?*<br>by Bill Martin Jr. and Eric Carle |
| 《兔子蛋糕》<br>罗斯玛丽·韦尔斯／著 | *Bunny Cakes*<br>by Rosemary Wells |
| 《恐龙在咆哮！》<br>保罗·斯蒂克兰德，亨丽埃塔·斯蒂克兰德／著 | *Dinosaur Roar!*<br>by Paul and Henrietta Stickland |
| "漂亮南希"系列<br>简·奥康纳／著 | The Fancy Nancy series<br>by Jane O'Connor |
| 《漂亮南希：哦啦啦，这是美容日》<br>简·奥康纳／著 | *Fancy Nancy: Ooh La La! It's Beauty Day*<br>by Jane O'Connor |
| 《前100词》<br>罗杰·普利迪／著 | *First 100 Words*<br>by Roger Priddy |
| 《前进吧，大狗，前进吧！》<br>P. D. 伊斯门／著 | *Go, Dog. Go!*<br>by P. D. Eastman |
| 《晚安，工地上的车》<br>谢丽·达斯基·瑞科尔／著 | *Goodnight, Goodnight, Construction Site*<br>by Sherri Duskey Rinker |
| 《晚安火车》<br>琼·索贝尔／著 | *The Goodnight Train*<br>by June Sobel |
| 《绿鸡蛋和火腿》<br>苏斯博士／著 | *Green Eggs and Ham*<br>by Dr. Seuss |

续表

| 《我只是不擅长押韵：淘气小孩和不成熟大人的胡言乱语》<br>克里斯·哈里斯 / 著 | *I'm Just No Good at Rhyming: And Other Nonsense for Mischievous Kids and Immature Grown-Ups*<br>by Chris Harris |
| --- | --- |
| "坚不可摧书籍"系列<br>沃克曼出版公司 / 出版 | The Indestructibles books<br>from Workman Publishing |
| 《奇形怪状：怪物ABC》<br>劳拉·勒克 / 著 | *Jeepers Creepers: A Monstrous ABC*<br>by Laura Leuck |
| 《小蓝车》<br>艾丽丝·舍特尔 / 著 | *Little Blue Truck*<br>by Alice Schertle |
| "我的大大情景认知绘本"系列<br>实验出版公司 / 出版 | The My Big Wimmelbooks series<br>from The Experiment |
| 《南妮特的法棍面包》<br>摩·威廉姆斯 / 著 | *Nanette's Baguette*<br>by Mo Willems |
| 《错错对对》<br>莱斯利·帕特里切利 / 著 | *No No Yes Yes*<br>by Leslie Patricelli |
| 《你的舌头有没有打结》<br>苏斯博士 / 著 | *Oh Say Can You Say?*<br>by Dr. Seuss |
| 《意大利面的顶端》<br>保罗·布雷特·约翰逊 / 著 | *On Top of Spaghetti*<br>*by* Paul Brett Johnson |
| 《一个漆黑的夜晚》<br>黑兹尔·哈钦斯 / 著 | *One Dark Night*<br>by Hazel Hutchins |
| 《鹅妈妈童谣集》<br>布兰奇·费希尔·赖特 / 绘 | *The Original Mother Goose*<br>illustrated by Blanche Fisher Wright |
| 《花生酱和杯子蛋糕！》<br>特里·博德 / 著 | *Peanut Butter & Cupcake!*<br>by Terry Border |
| 《噘嘴巴的大头鱼》<br>德博拉·迪森 / 著 | *The Pout-Pout Fish*<br>by Deborah Diesen |
| 《跳跳猫琼斯》<br>朱迪·沙赫纳 / 著 | *Skippyjon Jones*<br>by Judy Schachner |

续　表

| | |
|---|---|
| 《昏昏欲睡的小字母》<br>朱迪·西拉／著 | *The Sleepy Little Alphabet*<br>by Judy Sierra |
| 《多事的聪明人》<br>乔恩·阿吉／著 | *Smart Feller Fart Smeller*<br>by Jon Agee |
| 《活字典雷克斯》<br>拉亚·斯坦伯格／著 | *Thesaurus Rex*<br>by Laya Steinberg |
| "囧侦探提米"系列<br>斯蒂芬·帕斯蒂斯／著 | The Timmy Failure series<br>by Stephan Pastis |
| 《人行道的尽头》<br>谢尔·西尔弗斯坦／著 | *Where the Sidewalk Ends*<br>by Shel Silverstein |
| 《巫师学校怎么走?》<br>斯科特·桑托罗／著 | *Which Way to Witch School?*<br>by Scott Santoro |
| 《文字收藏家》<br>彼得·H. 雷诺兹／著 | *The Word Collector*<br>by Peter H. Reynolds |
| **娱乐消遣** | |
| 《卡通冒险》<br>詹姆斯·斯特姆, 安德鲁·阿诺德, 亚历克西斯·弗雷德里克-弗罗斯特／著 | *Adventures in Cartooning*<br>by James Sturm, Andrew Arnold, and Alexis Frederick-Frost |
| 《超级尿布宝宝历险记》<br>达夫·皮尔奇／著 | *The Adventures of Super Diaper Baby*<br>by Dav Pilkey |
| "内裤超人"系列<br>达夫·皮尔奇／著 | The Captain Underpants series<br>by Dav Pilkey |
| 《内裤超人与会说话的卫生间的攻击》<br>达夫·皮尔奇／著 | *Captain Underpants and the Attack of the Talking Toilets*<br>by Dav Pilkey |
| 《一天就这么过去了:卡尔文与跳跳虎合集》<br>比尔·沃特森／著 | *The Days Are Just Packed: A Calvin and Hobbes Collection*<br>by Bill Watterson |
| 《狗狗神探》<br>达夫·皮尔奇／著 | *Dog Man*<br>by Dav Pilkey |

续　表

| | |
|---|---|
| 《加菲猫：逍遥法外》<br>吉姆·戴维斯 / 著 | *Garfield at Large*<br>by Jim Davis |
| 《凯蒂猫：真好吃！》<br>乔治·蒙隆戈 / 著 | *Hello Kitty: Delicious!*<br>by Jorge Monlongo |
| "笑话大全"系列<br>《美国国家地理儿童版》杂志社 / 编著 | The Just Joking series<br>from National Geographic Kids |
| 《令孩子们大笑的动物笑话》<br>罗伯·埃利奥特 / 著 | *Laugh-Out-Loud Animal Jokes for Kids*<br>by Rob Elliott |
| 《玛莎说：有趣笑话和谜语》<br>卡伦·巴尔斯，苏珊·梅朵 / 著 | *Martha Speaks: Funny Bone Jokes and Riddles*<br>by Karen Barss and Susan Meddaugh |
| 《更多的熊！》<br>肯·内斯比特 / 著 | *More Bears!*<br>by Kenn Nesbitt |
| 《独角鲸：海洋中的独角兽》<br>本·克兰顿 / 著 | *Narwhal: Unicorn of the Sea*<br>by Ben Clanton |
| 《点点点：迷你纸板书版》<br>埃尔韦·杜莱 / 著 | *Press Here*<br>by Hervé Tullet |
| 《谜语与大脑难题：挑战聪明小孩的最棒谜语》<br>鲁斯提·科夫－史密斯 / 著 | *Riddles & Brain Teasers: Best Riddles for Challenging Smart Kids*<br>by Rusty Cove-Smith |
| 《我可没想被写进这本书》<br>朱莉·法拉特科 / 著 | *Snappsy the Alligator (Did Not Ask to Be in This Book)*<br>by Julie Falatko |
| 《给孩子看的超级史诗宏大笑话书》<br>韦·温 / 著 | *The Super, Epic, Mega Joke Book for Kids*<br>by Whee Winn |
| 《这本书吃了我的狗！》<br>理查德·伯恩 / 著 | *This Book Just Ate My Dog!*<br>by Richard Byrne |
| 《我们生活在书中！》<br>摩·威廉姆斯 / 著 | *We Are in a Book!*<br>by Mo Willems |

| 学习课程 | |
| --- | --- |
| 《世界上最爱冒险的孩子的地图探险家指南》<br>迪伦·图拉斯, 罗丝玛丽·莫斯科 / 著 | *The Atlas Obscura Explorer's Guide for the World's Most Adventurous Kid* by Dylan Thuras and Rosemary Mosco |
| 《小手大魔术》<br>约书亚·杰伊 / 著 | *Big Magic for Little Hands* by Joshua Jay |
| 《植物博物馆：欢迎来到博物馆》<br>凯蒂·斯科特, 凯西·威利斯 / 著 | *Botanicum: Welcome to the Museum* by Katie Scott and Kathy Willis |
| 《热爱数学的男孩：保罗·埃尔多斯不可思议的生活》<br>德博拉·埃利格曼 / 著 | *The Boy Who Loved Math: The Improbable Life of Paul Erdos* by Deborah Heiligman |
| 《灰姑娘的脚长得比玻璃鞋大了以及其他古怪的碎片童话剧》<br>J. M. 沃尔夫 / 著 | *Cinderella Outgrows the Glass Slipper and Other Zany Fractured Fairy Tale Plays* by J. M. Wolf |
| 《用猫毛制作工艺品：与你的猫一起制作的可爱工艺品》<br>茑谷香理 / 著 | *Crafting with Cat Hair: Cute Handicrafts to Make with Your Cat* by Kaori Tsutaya |
| 《好奇孩子的科学书：给4～8岁儿童的100多个自己动手的创造性科学实验》<br>阿西亚·奇特罗 / 著 | *The Curious Kids' Science Book: 100+ Creative Hands-On Activities for Ages 4-8* by Asia Citro |
| 《别让鸽子完成这本活动书！》<br>摩·威廉姆斯 / 著 | *Don't Let the Pigeon Finish This Activity Book!* by Mo Willems |
| 《简易折纸》<br>约翰·蒙特罗尔 / 著 | *Easy Origami* by John Montroll |
| 《冲厕所！古往今来的便便史》<br>查里斯·梅里克尔·哈珀 / 著 | *Flush!: The Scoop on Poop Throughout the Ages* by Charise Mericle Harper |

续　表

| | |
|---|---|
| 《外婆的小房子》<br>雅内·布朗-伍德 / 著 | *Grandma's Tiny House*<br>*by JaNay Brown-Wood* |
| 《恶心的食谱》<br>苏珊娜·蒂 / 著 | *The Gross Cookbook*<br>by Susanna Tee |
| "幸存者"系列<br>劳伦·塔西丝 / 著 | The I Survived series<br>by Lauren Tarshis |
| 《乔伊想当建筑师》<br>安德里亚·贝蒂 / 著 | *Iggy Peck, Architect*<br>by Andrea Beaty |
| 《艾薇、豆豆和我：一本填空书》<br>安涅·巴罗斯 / 著 | *Ivy + Bean + Me: A Fill-in-the-Blank*<br>*Book*<br>by Annie Barrows |
| 《儿童厨师烘焙：优秀儿童面包师的<br>食谱》<br>莉萨·赫夫 / 著 | *Kid Chef Bakes: The Kids Cookbook*<br>*for Aspiring Bakers*<br>by Lisa Huff |
| 《儿童厨房科学实验室：52个家庭友<br>好型实验》<br>利兹·李·海内克 / 著 | *Kitchen Science Lab for Kids: 52 Fam-*<br>*ily-Friendly Experiments from Around*<br>*the House*<br>by Liz Lee Heinecke |
| 《乐高创意之书：打开你的想象力》<br>丹尼尔·利普科维茨 / 著 | *The LEGO Ideas Book: Unlock Your*<br>*Imagination*<br>by Daniel Lipkowitz |
| 《让我们去海盗船上探险》<br>尼古拉斯·哈里斯 / 著 | *Let's Explore a Pirate Ship*<br>by Nicholas Harris |
| "生平"系列<br>凯瑟琳·克鲁尔，凯瑟琳·休伊特 / 著 | The Lives of... series<br>by Kathleen Krull and Kathryn Hewitt |
| "疯狂填词"系列<br>企鹅兰登书屋 出版 | The Mad Libs series<br>from Penguin Random House |
| 《月亮！地球最好的朋友》<br>斯泰西·麦克阿诺蒂 / 著 | *Moon! Earth's Best Friend*<br>by Stacy McAnulty |

续 表

| | |
|---|---|
| 《天啊，一只蝴蝶！——有关蝴蝶的一切》<br>蒂什·拉贝 / 著 | *My, Oh My—A Butterfly!: All About Butterflies*<br>by Tish Rabe |
| 《美国国家地理儿童版：小朋友的第一本恐龙大全》<br>凯瑟琳·D.休斯 / 著 | *National Geographic Kids Little Kids First Big Book of Dinosaurs*<br>by Catherine D. Hughes |
| 《护士、士兵、间谍：南北战争英雄莎拉·爱德蒙的故事》<br>玛丽萨·莫斯，约翰·亨德里克斯 / 著 | *Nurse, Soldier, Spy: The Story of Sarah Edmonds, a Civil War Hero*<br>by Marissa Moss and John Hendrix |
| 《奥尔加与不知从哪里来的臭东西》<br>埃利塞·格拉韦尔 / 著 | *Olga and the Smelly Thing from Nowhere*<br>by Elise Gravel |
| "普通人改变世界"系列<br>布拉德·梅尔策 / 著 | The Ordinary People Change the World series<br>by Brad Meltzer |
| 《平凡而非凡的简·奥斯汀》<br>德博拉·霍普金森 / 著 | *Ordinary, Extraordinary Jane Austen*<br>*by Deborah Hopkinson* |
| "科学漫画"系列<br>麦克米伦出版公司 / 出版 | The Science Comics series<br>from Macmillan Publishers |
| 《卫生纸卷筒活动手册：可以制作的30多件精彩作品》<br>劳伦·法恩斯沃思 / 著 | *The Toilet Roll Activity Book: Over 30 Wonderful Things to Create*<br>by Lauren Farnsworth |
| 《如果你有动物的牙齿》<br>桑德拉·马克尔 / 著 | *What If You Had Animal Teeth?*<br>*by Sandra Markle* |
| "世界真奇妙"系列<br>《美国国家地理儿童版》杂志社 / 编著 | The Weird but True! books<br>from National Geographic Kids |
| 《沃尔多在哪儿？》<br>马丁·汉福德 / 著 | *Where's Waldo?*<br>by Martin Handford |
| "人物传记"系列<br>格罗赛特和邓拉普出版公司 / 出版 | Who Was? series<br>from Grosset & Dunlap |

续 表

| | |
|---|---|
| 《DK儿童瑜伽》<br>苏珊娜·霍夫曼 / 著 | *Yoga for Kids*<br>by Susannah Hoffman |
| "佐伊与黄樟树"系列<br>阿西亚·奇特罗 / 著 | The Zoey and Sassafras series<br>by Asia Citro |
| **故事书** | |
| 《中学就是一个游乐园》<br>维多利亚·贾米森 / 著 | *All's Faire in Middle School*<br>by Victoria Jamieson |
| "坏小子"系列<br>亚伦·布拉贝 / 著 | The Bad Guys series<br>by Aaron Blabey |
| 《小熊在唱歌》<br>本杰明·肖德 / 著 | *The Bear's Song*<br>by Benjamin Chaud |
| 《因为》<br>摩·威廉姆斯 / 著<br>安珀·雷恩 / 绘图 | *Because*<br>by Mo Willems<br>illustrated by Amber Ren |
| 《傻狗温迪克》<br>凯特·迪卡米洛 / 著 | *Because of Winn-Dixie*<br>by Kate DiCamillo |
| 《贝贝熊——女孩靠边》<br>斯坦·贝伦斯坦，简·贝伦斯坦 / 著 | *The Berenstain Bears No Girls Allowed*<br>by Stan Berenstain and Jan Berenstain |
| 《贝贝熊的成绩单大麻烦》<br>斯坦·贝伦斯坦，简·贝伦斯坦 / 著 | *The Berenstain Bears' Report Card Trouble*<br>by Stan Berenstain and Jan Berenstain |
| 《两个鸟巢中最好的一个》<br>简·克拉克 / 著 | *The Best of Both Nests*<br>by Jane Clarke |
| 《好心眼儿巨人》<br>罗尔德·达尔 / 著 | *The BFG*<br>by Roald Dahl |
| 《没有图片的书》<br>B. J. 诺瓦克 / 著 | *The Book with No Pictures*<br>by B. J. Novak |
| 《大脚和小脚》<br>埃朗·波特 / 著 | *Big Foot and Little Foot*<br>by Ellen Potter |

| | |
|---|---|
| 《弗朗西斯的面包和果酱》<br>拉塞尔·霍本 / 著 | *Bread and Jam for Frances*<br>by Russell Hoban |
| 《忙忙碌碌的小镇》<br>理查德·斯卡瑞 / 著 | *Busy, Busy Town*<br>by Richard Scarry |
| 《卡姆·简森和网球奖杯之谜》<br>大卫·A. 阿德勒 / 著 | *Cam Jansen and the Tennis Trophy Mystery*<br>*by* David A. Adler |
| 《查理和奶酪怪兽》<br>贾斯廷·C. H. 伯奇 / 著 | *Charlie and the Cheese Monster*<br>by Justin C. H. Birch |
| 《查理和巧克力工厂》<br>罗尔德·达尔 / 著 | *Charlie and the Chocolate Factory*<br>by Roald Dahl |
| "纳尼亚传奇"系列<br>C. S. 刘易斯 / 著 | The Chronicles of Narnia series<br>by C. S. Lewis |
| 《咔嗒,咔嗒,哞:会打字的奶牛》<br>多琳·克罗宁 / 著 | *Click, Clack, Moo: Cows that Type*<br>by Doreen Cronin |
| 《美食从天降》<br>朱迪·巴雷特 / 著 | *Cloudy with a Chance of Meatballs*<br>by Judi Barrett |
| 《屁屁粉》<br>尤·奈斯博 / 著 | *Doctor Proctor's Fart Powder*<br>by Jo Nesbø |
| "玩偶人"系列<br>安·M. 马丁,劳拉·戈德温 / 著 | The Doll People series<br>by Ann M. Martin and Laura Godwin |
| 《弗洛拉和火烈鸟》<br>莫莉·艾德尔 / 著 | *Flora and the Flamingo*<br>by Molly Idle |
| 《了不起的大盗奶奶》<br>大卫·威廉姆斯 / 著 | *Gangsta Granny*<br>by David Walliams |
| 《姜饼小人》<br>吉姆·艾尔斯沃思 / 著 | *The Gingerbread Man*<br>by Jim Aylesworth |
| 《金发姑娘和三只小熊》<br>吉姆·艾尔斯沃思 / 改编 | *Goldilocks and the Three Bears*<br>as retold by Jim Aylesworth |
| 《晚安,月亮》<br>玛格丽特·怀斯·布朗 / 著 | *Goodnight Moon*<br>by Margaret Wise Brown |

续　表

| 《猜猜我有多爱你》<br>山姆·麦克布雷尼 / 著 | *Guess How Much I Love You*<br>by Sam McBratney |
| --- | --- |
| "哈利·波特"系列<br>J. K. 罗琳 / 著 | The Harry Potter series<br>by J. K. Rowling |
| 《霍博肯鸡紧急事件》<br>丹尼尔·平克沃特 / 著 | *The Hoboken Chicken Emergency*<br>by Daniel Pinkwater |
| 《别有洞天》<br>路易斯·萨查尔 / 著 | *Holes*<br>by Louis Sachar |
| 《你感觉如何？》<br>安东尼·布朗 / 著 | *How Do You Feel?*<br>by Anthony Browne |
| 《我爱你，爸爸》<br>吉利恩·哈克 / 著 | *I Love You, Daddy*<br>by Jillian Harker |
| 《我要打个盹儿！》<br>摩·威廉姆斯 / 著 | *I Will Take a Nap!*<br>by Mo Willems |
| 《我不搬家！》<br>威利·布莱文斯 / 著 | *I'm Not Moving!*<br>by Wiley Blevins |
| 《魔柜小奇兵》<br>琳妮·里德·班克斯 / 著 | *The Indian in the Cupboard*<br>by Lynne Reid Banks |
| 《詹姆斯和大仙桃》<br>罗尔德·达尔 / 著 | *James and the Giant Peach*<br>by Roald Dahl |
| 《医学博士朱迪·穆迪：医生进来了！》<br>梅甘·麦克唐纳 / 著 | *Judy Moody, M.D.: The Doctor Is In!*<br>*by* Megan McDonald |
| "故事之地"系列<br>克里斯·科尔弗 / 著 | The Land of Stories series<br>by Chris Colfer |
| 《狮子和小红鸟》<br>埃莉萨·克莱文 / 著 | *The Lion and the Little Red Bird*<br>by Elisa Kleven |
| 《公主小姐》<br>罗杰·哈格里维斯 / 著 | *Little Miss Princess*<br>by Roger Hargreaves |
| 《米利耶·菲尔斯》<br>简·曼宁 / 著 | *Millie Fierce*<br>by Jane Manning |

续　表

| | |
|---|---|
| 《住在树上的萨迪·麦基小姐》<br>马克·金博尔 / 著<br>凯伦·希拉德·古德 / 绘图 | *Miss Sadie McGee Who Lived in a Tree*<br>by Mark Kimball Moulton<br>illustrated by Karen Hillard Good |
| 《小手套》<br>简·布雷特 / 著 | *The Mitten*<br>by Jan Brett |
| 《我是淘气女生：向男生帮宣战》<br>安妮·迪格比 / 著 | *The Naughtiest Girl Marches On*<br>by Anne Digby |
| 《内迪亚德》<br>丹尼尔·平克沃特 / 著 | *The Neddiad*<br>by Daniel Pinkwater |
| 《吵闹的诺拉》<br>罗斯玛丽·韦尔斯 / 著 | *Noisy Nora*<br>by Rosemary Wells |
| 《奥利维亚组成了一支乐队》<br>伊恩·法尔科纳 / 著 | *Olivia Forms a Band*<br>by Ian Falconer |
| "黑衣公主"系列<br>香农·黑尔，迪安·黑尔 / 著 | The Princess in Black series<br>by Shannon Hale and Dean Hale |
| 《便盆公主》<br>诺拉·盖多斯 / 著 | *Princess of the Potty*<br>by Nora Gaydos |
| 《轮滑女孩》<br>维多利亚·贾米森 / 著 | *Roller Girl*<br>by Victoria Jamieson |
| 《歪歪路小学的荒诞故事》<br>路易斯·撒察尔 / 著 | *Sideways Stories from Wayside School*<br>by Louis Sachar |
| 《咆哮男孩和死亡鳄梨》<br>丹尼尔·平克沃特 / 著 | *The Snarkout Boys and the Avocado of Death*<br>by Daniel Pinkwater |
| "史努比军队"系列<br>柯克·斯克罗格斯 / 著 | The Snoop Troop series<br>by Kirk Scroggs |
| 《饥饿的毛毛虫》<br>埃里克·卡尔 / 著 | *The Very Hungry Caterpillar*<br>by Eric Carle |
| 《飞行员维奥莱特》<br>史蒂夫·布林 / 著 | *Violet the Pilot*<br>by Steve Breen |

续　表

| | |
|---|---|
| 《等待宝贝》<br>哈里雅特·齐弗特 / 著 | *Waiting for Baby*<br>by Harriet Ziefert |
| 《华特·迪士尼精选集：唐老鸭第一卷》<br>唐·罗莎 / 著 | *Walt Disney Treasury: Donald Duck Volume 1*<br>by Don Rosa |
| 《当我们在一起的时候》<br>克莱尔·弗里德曼 / 著 | *When We're Together*<br>by Claire Freedman |
| 《女巫》<br>罗尔德·达尔 / 著 | *The Witches*<br>by Roald Dahl |
| **独特兴趣** | |
| 《艺术家泰迪熊》<br>安德烈亚·贝蒂 / 著 | *Artist Ted*<br>by Andrea Beaty |
| 《做一个明星，神奇女侠》<br>迈克尔·达尔 / 著 | *Be a Star, Wonder Woman*<br>by Michael Dahl |
| 《怪兽制造机》<br>基思·格拉费斯 / 著 | *The Monsterator*<br>by Keith Graves |
| 《不完全是独角鲸》<br>杰西·西玛 / 著 | *Not Quite Narwhal*<br>by Jessie Sima |
| "毁灭笔记"系列<br>特洛伊·卡明斯 / 著 | The Notebook of Doom series<br>by Troy Cummings |
| 《爱探险的朵拉：看医生》<br>菲比·拜因斯坦 / 著 | *Say "Ahhh!": Dora Goes to the Doctor*<br>by Phoebe Beinstein |
| 《独角兽塞尔玛》<br>阿龙·布拉比 / 著 | *Thelma the Unicorn*<br>by Aaron Blabey |

# 附录二

## 幼儿图画书推荐书目(摘录)

资料来源:教育部网站

| 序号 | 书名 | 责任者 | 出版单位 |
|---|---|---|---|
| 1 | 阿诗有块大花布 | 符文征 / 文图 | 浙江少年儿童出版社 |
| 2 | 阿兔的小瓷碗 | 杨慧文 / 文图 | 新世界出版社 |
| 3 | 啊呜龙不明白 | 苏梅 / 著<br>王晓蕊 / 绘 | 科学普及出版社 |
| 4 | 哎呀,好臭! | 沙沙 / 著<br>张鹏 / 绘 | 北京少年儿童出版社 |
| 5 | 艾爷爷和屋顶上的熊 | [美]凯西·罗宾逊 / 文<br>[美]梅丽莎·拉森 / 图<br>张波 / 译 | 山东人民出版社 |
| 6 | 爱看书的猫 | 金建华 / 文<br>颜青 / 图 | 上海教育出版社 |
| 7 | 爱哭的小立甫 | 岑澎维 / 文<br>奇亚子 / 绘 | 青岛出版社 |

续　表

| 序号 | 书名 | 责任者 | 出版单位 |
| --- | --- | --- | --- |
| 8 | 爱跳舞的小龙 | 汤素兰 / 著<br>朱士芳 / 绘 | 济南出版社 |
| 9 | 安的种子 | 王早早 / 文<br>黄丽 / 图 | 海燕出版社 |
| 10 | 安仔一定会变好 | 谢军 / 文<br>翟芮 / 图 | 新世纪出版社 |
| 11 | 俺老孙来也 | 谢征 / 著、绘、动画 | 山东科学技术出版社 |
| 12 | "宝贝，我懂你"系列<br>绘本·了不起的罗恩 | 午夏 / 文<br>马小得 / 图 | 安徽少年儿童出版社 |
| 13 | 巴赫:没有对手的比赛 | 井源编 / 著 | 辽宁人民出版社 |
| 14 | 爸爸，别怕 | 白冰 / 著<br>胖蛇 / 绘 | 中国少年儿童出版社 |
| 15 | 爸爸的火车 | 韩处暖 / 著<br>赵墨染 / 绘 | 中国少年儿童出版社 |
| 16 | 爸爸呢? ——小狮子<br>的白天与黑夜 | [斯洛文]兹加·科姆<br>贝克 / 著<br>[斯洛文]伊万·米特<br>列夫斯基 / 绘<br>Tinkle / 译 | 作家出版社 |
| 17 | 百鸟朝凤 | 杨帆等 / 文图 | 晨光出版社 |
| 18 | 白雪公主织怪物 | [荷]安娜玛丽·梵·哈<br>灵根 / 著<br>王奕瑶 / 译 | 山东教育出版社 |
| 19 | 百鸟朝凤 | 哈皮童年 / 编绘 | 福建科学技术出版社 |
| 20 | 白鹤日记 | 胡雅滨 / 文<br>吉祥小左 / 图 | 华东师范大学出版社 |

续　表

| 序号 | 书名 | 责任者 | 出版单位 |
|------|------|--------|----------|
| 21 | 百鸟朝凤 | 武汉江通动画传媒股份有限公司 / 著<br>童趣出版有限公司 / 编 | 人民邮电出版社 |
| 22 | 伴我长大经典童话（全20册） | 季华等 / 文<br>朱成梁等 / 图 | 教育科学出版社 |
| 23 | 包子一家 | 邱佳业 / 文<br>黄润佳 / 图 | 南京师范大学出版社 |
| 24 | 鼻子鼻子 / 阿嚏阿嚏 | 崔玉涛 / 主编 | 北京出版社 |
| 25 | 彼此树 | ［澳］葛瑞米·贝斯，陈颖 / 著<br>［澳］葛瑞米·贝斯 / 绘 | 长江少年儿童出版社 |
| 26 | 别让太阳掉下来 | 郭振媛 / 文<br>朱成梁 / 图 | 中国和平出版社 |
| 27 | 冰波童话（全10册） | 冰波 / 文 | 教育科学出版社 |
| 28 | 冰箱历险记 | 李卓颖 / 文图 | 上海教育出版社 |
| 29 | 兵马俑的秘密 | 陈伟 / 著<br>三羊 / 绘 | 辽宁科学技术出版社 |
| 30 | 啵 | ［日］福田直 / 绘 | 东方出版中心 |
| 31 | 不痛 | 李茂渊 / 著 | 四川少年儿童出版社 |
| 32 | 不要和青蛙跳绳 | 彭懿 / 著<br>九儿 / 绘 | 接力出版社 |
| 33 | 猜猜我有多爱你 | ［英］麦克布雷尼 / 编文<br>［英］婕朗 / 绘<br>梅子涵 / 译 | 明天出版社 |
| 34 | 猜一猜我是谁？ | 赖马 / 文图 | 河北教育出版社 |
| 35 | 仓老鼠和老鹰借粮 | 汪曾祺 / 文<br>王祖民 / 图 | 贵州人民出版社 |

续　表

| 序号 | 书名 | 责任者 | 出版单位 |
|---|---|---|---|
| 36 | 茶壶 | 哈里牙 / 绘著 | 内蒙古人民出版社 |
| 37 | 蝉之翼 | 李茂渊 / 著 | 四川少年儿童出版社 |
| 38 | 成语故事·一（全20册） | 中国教育科学研究院学前教育研究中心 / 编　黄缨等 / 图 | 教育科学出版社 |
| 39 | 成语故事·二（全20册） | 中国教育科学研究院学前教育研究中心 / 编　黄缨等 / 图 | 教育科学出版社 |
| 40 | 池塘 | 张乐著 / 绘 | 中国中福会出版社 |
| 41 | 迟到大王 | ［英］柏林罕编 / 绘　党英台 / 译 | 明天出版社 |
| 42 | 穿花衣 | 樊青芳 / 文　李静 / 图 | 朝华出版社 |
| 43 | 吹糖人 | 金波 / 文　黄捷 / 绘 | 北京少年儿童出版社 |
| 44 | 辞旧迎新过大年——春节 | 王早早 / 著　李剑，沈冰 / 绘 | 北京师范大学出版社 |
| 45 | 聪明宝宝入园攻略（全3册） | 蓝草帽 / 编　尹艳 / 绘 | 阳光出版社 |
| 46 | 从前有个筋斗云 | 陈沛慈，李明华 / 文　李卓颖 / 图 | 二十一世纪出版社集团 |
| 47 | 存钱罐 | 李茂渊 / 著 | 四川少年儿童出版社 |
| 48 | 错了？ | 杨思帆 / 著绘 | 广西师范大学出版社 |
| 49 | 大灰狼娶新娘 | 朱庆坪 / 编文　黄缨 / 绘 | 南京师范大学出版社 |
| 50 | 大闹天宫 | 海飞，缪惟 / 编写　刘向伟 / 绘画 | 新疆青少年出版社 |

续　表

| 序号 | 书名 | 责任者 | 出版单位 |
|---|---|---|---|
| 51 | 大山的种子 | 董宏猷 / 著<br>青时 / 绘 | 二十一世纪出版社集团 |
| 52 | 大卫，不可以！ | ［美］香农 / 著绘<br>余治莹 / 译 | 河北教育出版社 |
| 53 | 大象在哪儿拉便便？ | 巩孺萍 / 著<br>王祖民，王莺 / 绘 | 接力出版社 |
| 54 | 大自然的礼物 | 小知了 / 著 | 文化发展出版社 |
| 55 | 胆小的大象 | ［法］桑德里娜·波 / 文<br>［法］阿丽亚娜·德尔里欧 / 图<br>吴天楚 / 译 | 北京时代华文书局 |
| 56 | 当手指跳舞时 | 方锐 / 文<br>孟可 / 图 | 海豚出版社 |
| 57 | 当天空出现了大洞 | 王蕾 / 著<br>冯子熠 / 绘 | 天津人民美术出版社 |
| 58 | 灯笼山 | 吴烜 / 文<br>钟昀睿 / 剪纸 | 广西民族出版社 |
| 59 | 地上地下的秘密 | 依依文 / 图 | 人民教育出版社 |
| 60 | 丢失的快乐 | 司南 / 文<br>梁惠然 / 图 | 中译出版社 |
| 61 | 动物的颜色真鲜艳 | ［美］史蒂夫·詹金斯 / 绘著<br>静博 / 译 | 北京少年儿童出版社 |
| 62 | 动物园 | 詹同 / 绘<br>林颂英 / 文 | 朝华出版社 |
| 63 | 斗年兽 | 刘嘉路 / 文<br>［俄罗斯］欧尼可夫 / 图 | 海燕出版社 |

| 序号 | 书名 | 责任者 | 出版单位 |
|---|---|---|---|
| 64 | 豆豆游走的二十四节气 | 杨智坤／文<br>童趣出版有限公司／编 | 人民邮电出版社 |
| 65 | 敦煌：中国历史地理绘本 | 苏小芮／著绘 | 中信出版社 |
| 66 | 多多的鲸鱼 | ［美］葆拉·克拉思，<br>［美］帕特里克·施瓦茨／著<br>［美］贾斯汀·卡尼亚／绘<br>王漪虹／译 | 华夏出版社 |
| 67 | 鄂温克的驼鹿 | 格日勒其木格·黑鹤／著<br>九儿／绘 | 接力出版社 |
| 68 | 儿歌 | 蓝山／编 | 四川美术出版社 |
| 69 | 儿童行为养成与成长教育绘本（全4册） | ［瑞士］米歇尔·亨泽尔／文<br>［意］安娜·梅利／图<br>李子靓／译 | 北京日报出版社 |
| 70 | 番茄的旅行 | 汤杰英／文<br>刘洵／图 | 华东师范大学出版社 |
| 71 | 飞船升空了 | 张智慧／著<br>郭丽娟，酒亚光，王雅娴／绘 | 北京科学技术出版社 |
| 72 | 飞飞飞 | 刘奔／著<br>［克罗］薛蓝·约纳科维奇／绘 | 广西师范大学出版社 |
| 73 | 飞鼠传奇 | ［德］库曼著／绘<br>梅思繁／译 | 新蕾出版社 |
| 74 | "怪"男孩和他的无字书 | 方锐／文<br>孟可／图 | 海豚出版社 |

| 序号 | 书名 | 责任者 | 出版单位 |
| --- | --- | --- | --- |
| 75 | 感触生命主题绘本（全12册） | 孙卫卫／著<br>卢福女，王蔚，李莉／图 | 未来出版社 |
| 76 | 更少得更多 | 郝广才／著<br>[西]何雷洛／绘 | 新疆青少年出版社 |
| 77 | 姑姑的树 | 余丽琼／著<br>[法]扎宇／绘 | 广西师范大学出版社 |
| 78 | 谷种的故事 | 《贵州民族民间传说绘本系列》编委会／著 | 贵州人民出版社 |
| 79 | 骨头骨头　咕噜噜 | 崔玉涛／主编 | 北京出版社 |
| 80 | 归来 | 陈晖／文<br>周成兵／图 | 安徽少年儿童出版社 |
| 81 | 果子红了 | 林秀穗／文<br>廖健宏／图 | 山东教育出版社 |
| 82 | 海狸受伤了 | [法]桑德里娜·波／文<br>[法]阿丽亚娜·德尔里欧／图<br>吴天楚／译 | 北京时代华文书局 |
| 83 | 海洋里的小秘密 | [波兰]安娜·索比其·卡明斯卡／文<br>[波兰]莫妮卡·菲利皮娜／图<br>译邦达／译 | 现代教育出版社 |
| 84 | 汉娜的新衣 | [意]米梵魏·乌德斯-杰克／著<br>[意]瓦莱莉亚·佛卡托／绘<br>李子靓／译 | 北京日报出版社 |
| 85 | 好饿的毛毛虫 | [美]卡尔／编·绘<br>郑明进／译 | 明天出版社 |

续　表

| 序号 | 书名 | 责任者 | 出版单位 |
|---|---|---|---|
| 86 | 好娃娃童话袖珍图画书（全14册） | 冰波等／文<br>王莉莉等／图 | 教育科学出版社 |
| 87 | 和风一起散步 | 熊亮著／绘 | 天津人民出版社 |
| 88 | 和我玩吧 | 弯弯／文图 | 天天出版社 |
| 89 | 河神的汗水 | 王蕾／著<br>亚波／绘 | 天津人民美术出版社 |
| 90 | 黑暗中闪烁的光 | ［挪］哈瓦德·苏瓦森／文<br>［挪］阿金·杜查金／绘<br>李馨雨／译 | 东方出版中心 |
| 91 | 黑龙洞 | 吴烜／文<br>钟昀睿／剪纸 | 广西民族出版社 |
| 92 | 红色在哪里？ | 张瑜／著绘 | 中国中福会出版社 |
| 93 | 后羿射日 | 哈皮童年／编绘 | 福建科学技术出版社 |
| 94 | 花奶奶的花裙子 | 任靖／著 | 新疆文化出版社 |
| 95 | 画说中国经典民间故事.猴子捞月 | 陈加菲／改编<br>林俊杰／绘 | 江苏凤凰美术出版社 |
| 96 | 画说中国经典民间故事.三个和尚 | 陈加菲／改编<br>梁灵惠／绘 | 江苏凤凰美术出版社 |
| 97 | 浣熊妈妈 | 吕丽娜／文<br>吴雅蒂／图 | 人民教育出版社 |
| 98 | 回家 | 魏捷／著<br>徐灿／绘 | 中国中福会出版社 |
| 99 | 回老家过年 | 孙卫卫／文<br>张娣／图 | 明天出版社 |
| 100 | 回乡下 | 弯弯／著 | 中国和平出版社 |

# 附录三

## 教育部基础教育课程教材发展中心
## 中小学生阅读指导目录（小学段，2020年版）

资料来源：教育部网站

| 序号 | 推荐学段 | 分类 | 图书名称 | 作者 |
|---|---|---|---|---|
| 1 | 小学1-2 | 人文社科 | 五星红旗 | 华琪，杨汝戬，马堪岱／主编 |
| 2 | 小学1-2 | 人文社科 | 读图识中国 | 人民教育出版社地图编辑室／编 |
| 3 | 小学1-2 | 人文社科 | 中华人物故事汇.中华先锋人物故事汇 | 徐鲁，葛竞，汤素兰，吴尔芬，吕丽娜，肖显志，余雷，张吉宙，王巨成等／著 |
| 4 | 小学1-2 | 文学 | 萝卜回来了 | 方轶群／文 严个凡／画 |
| 5 | 小学1-2 | 文学 | 没头脑和不高兴 | 任溶溶／著 |
| 6 | 小学1-2 | 文学 | 儿歌300首 | 金波，郑春华等／著 |
| 7 | 小学1-2 | 文学 | 小巴掌童话 | 张秋生／著 |
| 8 | 小学1-2 | 文学 | 小马过河 | 彭文席／著 |

续　表

| 序号 | 推荐学段 | 分类 | 图书名称 | 作者 |
|---|---|---|---|---|
| 9 | 小学1-2 | 文学 | 吃黑夜的大象 | 白冰 / 著<br>沈苑苑 / 绘 |
| 10 | 小学1-2 | 文学 | 大头儿子和小头爸爸 | 郑春华 / 著 |
| 11 | 小学1-2 | 文学 | 我有友情要出租 | 方素珍 / 著<br>郝洛玟 / 绘 |
| 12 | 小学1-2 | 文学 | 一园青菜成了精 | 编自北方童谣<br>周翔 / 绘 |
| 13 | 小学1-2 | 文学 | 团圆 | 余丽琼 / 文<br>朱成梁 / 图 |
| 14 | 小学1-2 | 文学 | 格林童话 | [德]格林兄弟 / 著<br>杨武能 / 译 |
| 15 | 小学1-2 | 文学 | 弗朗兹的故事 | [奥]克里斯蒂娜·涅斯特林格 / 著<br>湘雪 / 译 |
| 16 | 小学1-2 | 自然科学 | 小彗星旅行记 | 徐刚 / 著绘 |
| 17 | 小学1-2 | 自然科学 | 嫦娥探月立体书 | 马莉等 / 文<br>王晓旭 / 图 |
| 18 | 小学1-2 | 自然科学 | 趣味数学百科图典 | 田翔仁 / 编著 |
| 19 | 小学1-2 | 自然科学 | 来喝水吧 | [澳]葛瑞米·贝斯 / 文图 |
| 20 | 小学1-2 | 艺术 | 爸爸的画.沙坪小屋 | 丰子恺 / 绘<br>丰陈宝，丰一吟 / 著 |
| 21 | 小学1-2 | 艺术 | 京剧脸谱 | 傅学斌 / 著 |
| 22 | 小学3-4 | 人文社科 | 周恩来寄语:青少年版 | 周恩来思想生平研究会 / 编 |
| 23 | 小学3-4 | 人文社科 | 雷锋的故事 | 陈广生，崔家骏 / 著 |

| 序号 | 推荐学段 | 分类 | 图书名称 | 作者 |
|---|---|---|---|---|
| 24 | 小学3-4 | 人文社科 | 林汉达中国历史故事集 | 林汉达，雪岗／编著 |
| 25 | 小学3-4 | 人文社科 | 刘兴诗爷爷给孩子讲中国地理 | 刘兴诗／著 |
| 26 | 小学3-4 | 人文社科 | 居里夫人的故事 | ［英］埃列娜•杜尔利／著 |
| 27 | 小学3-4 | 人文社科 | 儿童哲学智慧书 | ［法］柏尼菲／著<br>［法］卢里耶等／绘 |
| 28 | 小学3-4 | 人文社科 | 哲学鸟飞罗系列 | ［法］拉贝／著<br>［法］加斯特／绘 |
| 29 | 小学3-4 | 文学 | 成语故事 | —— |
| 30 | 小学3-4 | 文学 | 中国古今寓言 | —— |
| 31 | 小学3-4 | 文学 | 中国神话故事集 | 袁珂／著 |
| 32 | 小学3-4 | 文学 | 稻草人 | 叶圣陶／著 |
| 33 | 小学3-4 | 文学 | 宝葫芦的秘密 | 张天翼／著 |
| 34 | 小学3-4 | 文学 | 三毛流浪记 | 张乐平／著 |
| 35 | 小学3-4 | 文学 | "下次开船"港 | 严文井／著 |
| 36 | 小学3-4 | 文学 | 孙悟空在我们村里 | 郭风／著 |
| 37 | 小学3-4 | 文学 | 小英雄雨来 | 管桦／著 |
| 38 | 小学3-4 | 文学 | 帽子的秘密 | 柯岩／文 |
| 39 | 小学3-4 | 文学 | 小布头奇遇记 | 孙幼军／著 |
| 40 | 小学3-4 | 文学 | 推开窗子看见你 | 金波／著 |
| 41 | 小学3-4 | 文学 | 笨狼的故事 | 汤素兰／著 |
| 42 | 小学3-4 | 文学 | 盘中餐 | 于虹呈／著 |
| 43 | 小学3-4 | 文学 | 爱的教育 | ［意］阿米琪斯／著<br>王干卿／译 |

续　表

| 序号 | 推荐学段 | 分类 | 图书名称 | 作者 |
|---|---|---|---|---|
| 44 | 小学3-4 | 文学 | 夏洛的网 | ［美］E. B. 怀特／著 任溶溶／译 |
| 45 | 小学3-4 | 文学 | 窗边的小豆豆 | ［日］黑柳彻子／著 赵玉皎／译 |
| 46 | 小学3-4 | 自然科学 | 少儿科普三字经 | 亚子／著 刘金平／绘 |
| 47 | 小学3-4 | 自然科学 | 中国国家博物馆儿童历史百科绘本 | 中国国家博物馆／著 |
| 48 | 小学3-4 | 自然科学 | 昆虫漫话 | 陶秉珍／著 |
| 49 | 小学3-4 | 自然科学 | 中国儿童视听百科.飞向太空 | 《飞向太空》编委会／编著 |
| 50 | 小学3-4 | 自然科学 | 异想天开的科学游戏 | 高云峰／著 |
| 51 | 小学3-4 | 自然科学 | 万物简史：少儿彩绘版 | ［英］布莱森／著 |
| 52 | 小学3-4 | 自然科学 | 蜡烛的故事 | ［英］法拉第／著 |
| 53 | 小学3-4 | 艺术 | 地球的红飘带 | 魏巍／原著 王素／改编 沈尧伊／绘画 |
| 54 | 小学3-4 | 艺术 | 人民音乐家：冼星海 | 郭冰茹／著 |
| 55 | 小学3-4 | 艺术 | 父与子 | ［德］埃·奥·卜劳恩／著 |
| 56 | 小学5-6 | 人文社科 | 毛泽东箴言 | 中国中共文献研究会／编订 |
| 57 | 小学5-6 | 人文社科 | 习近平讲故事：少年版 | 人民日报评论部／著 |
| 58 | 小学5-6 | 人文社科 | 马克思画传：马克思诞辰200周年纪念版 | 中共中央马克思恩格斯列宁斯大林著作编译局／编 |
| 59 | 小学5-6 | 人文社科 | 中华人民共和国未成年人保护法 | 全国人大常委会办公厅／供稿 |

续　表

| 序号 | 推荐学段 | 分类 | 图书名称 | 作者 |
|---|---|---|---|---|
| 60 | 小学5-6 | 人文社科 | 中华人物故事汇.中华先烈人物故事汇 | 张树军,张海鹏,军事科学院解放军党史军史研究中心编写组／主编<br>编著／等 |
| 61 | 小学5-6 | 人文社科 | 我们走在大路上:1949—2019 | 大型文献专题片《我们走在大路上》创作组／著 |
| 62 | 小学5-6 | 人文社科 | "抵御外侮——中华英豪传奇"丛书 | 张海鹏／主编 |
| 63 | 小学5-6 | 人文社科 | 重读先烈诗章 | 中共中央宣传部宣传教育局／编 |
| 64 | 小学5-6 | 人文社科 | 梦圆大地:袁隆平传 | 姚昆仑／著 |
| 65 | 小学5-6 | 人文社科 | 思考世界的孩子 | 〔法〕阿内-索菲·希拉尔等／著<br>〔法〕帕斯卡尔·勒梅特尔／绘 |
| 66 | 小学5-6 | 人文社科 | 写给孩子的哲学启蒙书 | 〔法〕拉贝,<br>〔法〕毕奇／著 |
| 67 | 小学5-6 | 文学 | 声律启蒙 | 〔清〕车万育／著 |
| 68 | 小学5-6 | 文学 | 千家诗 | 〔宋〕谢枋得,〔明〕王相／选编 |
| 69 | 小学5-6 | 文学 | 可爱的中国(单行本) | 方志敏／著 |
| 70 | 小学5-6 | 文学 | 寄小读者 | 冰心／著 |
| 71 | 小学5-6 | 文学 | 大林和小林 | 张天翼／著 |
| 72 | 小学5-6 | 文学 | 呼兰河传 | 萧红／著 |
| 73 | 小学5-6 | 文学 | 狐狸打猎人 | 金近／著 |
| 74 | 小学5-6 | 文学 | 城南旧事 | 林海音／著 |

续　表

| 序号 | 推荐学段 | 分类 | 图书名称 | 作者 |
|------|---------|------|---------|------|
| 75 | 小学5-6 | 文学 | 小兵张嘎 | 徐光耀／著 |
| 76 | 小学5-6 | 文学 | 闪闪的红星 | 李心田／著 |
| 77 | 小学5-6 | 文学 | 我们的母亲叫中国 | 苏叔阳／著 |
| 78 | 小学5-6 | 文学 | 美丽的西沙群岛 | 刘先平／著 |
| 79 | 小学5-6 | 文学 | 非法智慧 | 张之路／著 |
| 80 | 小学5-6 | 文学 | 一百个孩子的中国梦 | 董宏猷／著 |
| 81 | 小学5-6 | 文学 | 童年河 | 赵丽宏／著 |
| 82 | 小学5-6 | 文学 | 草房子 | 曹文轩／著 |
| 83 | 小学5-6 | 文学 | 男生贾里全传 | 秦文君／著 |
| 84 | 小学5-6 | 文学 | 今天我是升旗手 | 黄蓓佳／著 |
| 85 | 小学5-6 | 文学 | 芝麻开门 | 祁智／著 |
| 86 | 小学5-6 | 文学 | 你是我的妹 | 彭学军／著 |
| 87 | 小学5-6 | 文学 | 黑焰 | 格日勒其木格·黑鹤／著 |
| 88 | 小学5-6 | 文学 | 安徒生童话 | ［丹麦］安徒生／著<br>叶君健／译 |
| 89 | 小学5-6 | 文学 | 汤姆·索亚历险记 | ［美］马克·吐温／著<br>张友松／译 |
| 90 | 小学5-6 | 文学 | 假如给我三天光明 | ［美］海伦·凯勒／著<br>李汉昭／译 |
| 91 | 小学5-6 | 文学 | 小王子 | ［法］圣·埃克苏佩里／著<br>柳鸣九／译 |
| 92 | 小学5-6 | 文学 | 永远讲不完的故事 | ［德］米切尔·恩德／著<br>李士勋／译 |
| 93 | 小学5-6 | 文学 | 哈利波特与魔法石 | ［英］J. K. 罗琳／著<br>苏农／译 |

| 序号 | 推荐学段 | 分类 | 图书名称 | 作者 |
|---|---|---|---|---|
| 94 | 小学5-6 | 自然科学 | 国家版图知识读本 | 《国家版图知识读本》编撰委员会／编著 |
| 95 | 小学5-6 | 自然科学 | 大国重器：图说当代中国重大科技成果 | 贲德／主编 |
| 96 | 小学5-6 | 自然科学 | 中国历史上的科学发明：插图本 | 钱伟长／著 |
| 97 | 小学5-6 | 自然科学 | 中国儿童地图百科全书.世界遗产 | 《世界遗产》编委会／编著 |
| 98 | 小学5-6 | 自然科学 | 小学生食品安全知识读本 | 刘烈刚,杨雪锋／主编 |
| 99 | 小学5-6 | 自然科学 | 海错图笔记 | 张辰亮／著 |
| 100 | 小学5-6 | 自然科学 | 每月之星 | 陶宏／著 |
| 101 | 小学5-6 | 自然科学 | 寂静的春天 | ［美］蕾切尔·卡森／著 |
| 102 | 小学5-6 | 自然科学 | 空间简史 | ［意］托马斯·马卡卡罗,［意］克劳迪奥·M.达达里／著 |
| 103 | 小学5-6 | 自然科学 | BBC科普三部曲 | ［英］伊恩·斯图尔特,［英］约翰·林奇,［英］保尔·罗斯等／著 |
| 104 | 小学5-6 | 自然科学 | 昆虫记 | ［法］让-亨利·法布尔／著 |
| 105 | 小学5-6 | 艺术 | 启功给你讲书法 | 启功／著 |
| 106 | 小学5-6 | 艺术 | 京剧常识手册 | 涂沛,苏移等／著 |

续　表

| 序号 | 推荐学段 | 分类 | 图书名称 | 作者 |
|------|---------|------|---------|------|
| 107 | 小学5-6 | 艺术 | 中国戏曲:连环画(推荐:窦娥冤,桃花扇,白蛇传,卖油郎,打面缸,梁山伯与祝英台,玉堂春,宇宙锋,钗头凤,牡丹亭,寇准背靴,望江亭,穆桂英,十五贯) | 〔明〕汤显祖等/原著 良士等/改编 赵宏本等/绘画 |
| 108 | 小学5-6 | 艺术 | 戏曲进校园 | 郑传寅,黄蓓/编著 |
| 109 | 小学5-6 | 艺术 | 中国民歌欣赏 | 周青青/著 |
| 110 | 小学5-6 | 艺术 | 建筑艺术的语言 | 刘先觉/著 |

# 参考文献

## 引言　你眼皮底下的小书怪

G. J. Duncan et al.,"School readiness and later achievement." *Developmental Psychology* 43, no. 6 (2007): 1428–46.

M. Sénéchal and J. LeFevre, "Storybook reading and parent teaching: Links to language and literacy development" in *New Directions for Child and Adolescent Development: The Role of Family Literacy Environments in Promoting Young Children's Emerging Literacy Skills*, eds. P. R. Britto and J. Brooks-Gunn (San Francisco: Jossey-Bass, 2001), 39–52.

## 第一章　小书怪的生理结构

L. L. Torres, et al., "Tobacco Smoke and Nicotine: Neurotoxicity in Brain Development," in *Addictive Substances and Neurological Disease*, eds. Ronald Watson and Shirma Zibadi (Cambridge, MA: Academic Press, 2017) 273–80.

P. E. Turkeltaub et al., "Development of neural mechanisms for reading,"

*Nature Neuroscience* 6, no. 7 (2003): 767.

M. Wolf, and C. J. Stoodley, *Proust and the Squid: The Story and Science of the Reading Brain* (New York: Harper Perennial, 2008).

J. E. Adrian et al., "Parent-child picture-book reading, mothers' mental state language and children's theory of mind," *Journal of Child Language* 32, no. 3 (2005): 673–86.

D. C. Kidd and E. Castano, "Reading literary fiction improves theory of mind," *Science* 342, no. 6156 (2013): 377–80.

## 第二章　召唤小书怪的完美方法

B. Hart and T. R. Risley, *Meaningful Differences in the Everyday Experience of Young American Children* (Baltimore: Paul H. Brookes Publishing, 1995).

P. L. Morgan et al., "24-month-old children with larger oral vocabularies display greater academic and behavioral functioning at kindergarten entry," *Child Development* 86, no. 5 (2015): 1351–70.

G. J. Duncan et al., "School readiness and later achievement," *Developmental Psychology* 43, no. 6 (2007): 1428–46.

S. M. Fruh, et al., "The surprising benefits of the family meal," *The Journal for Nurse Practitioners* 7, no. 1 (2011): 18–22.

## 第三章　倾听小书怪的声音

C. S. Tamis-LeMonda, M. H. Bornstein, and L. Baumwell, "Maternal responsiveness and children's achievement of language milestones," *Child Development* 72, no. 3 (2001): 748–67.

M. H. Goldstein and J. A. Schwade, "Social feedback to infants' babbling facilitates rapid phonological learning," *Psychological Science* 19, no. 5 (2008): 515–23.

A. T. Smyke et al., "The caregiving context in institution-reared and family-reared infants and toddlers in Romania," *Journal of Child Psychology and Psychiatry* 48, no. 2 (2007): 210–18.

N. Akhtar, F. Dunham, and P. J. Dunham, "Directive interactions and early vocabulary development: The role of joint attentional focus," *Journal of Child Language* 18, no.1 (1991): 41–49.

M. Chouinard, P. Harris, and M. Maratsos, "Children's Questions: A Mechanism for Cognitive Development," *Monographs of the Society for Research in Child Development* 72, no.1 (2007): 1–129.

## 第四章　像小书怪一样行动

L. M. Justice, P. C. Pullen, and K. Pence, "Influence of Verbal and Nonverbal References to Print on Preschoolers' Visual Attention to Print During Storybook Reading," *Developmental Psychology* 44, no. 3 (2008): 855.

S. W. Goodwyn, L. P. Acredolo, and C. A. Brown, "Impact of Symbolic Gesturing on Early Language Development," *Journal of Nonverbal Behavior* 24, no. 2 (2000): 81–103.

## 第五章　给小书怪读书的正确时机

R. Indrisano and J. S. Chall, "Literacy Development," *Journal of Education* 177, no. 1 (1995): 63–83.

J. S. Chall and V. A. Jacobs, "The Classic Study on Poor Children's

Fourth-Grade Slump," *American Educator* 27, no. 1 (2003): 14–15.

L. Hale et al., "A Longitudinal Study of Preschoolers' Language-Based Bedtime Routines, Sleep Duration, and Well-Being," *Journal of Family Psychology* 25, no. 3 (2011): 423.

J. A. Mindell et al., "A Nightly Bedtime Routine: Impact on Sleep in Young Children and Maternal Mood," *Sleep* 32, no. 5 (2009): 599–606.

D. B. Downey, P. T. Von Hippel, and B. A. Broh, "Are Schools the Great Equalizer? Cognitive Inequality During the Summer Months and the School Year," *American Sociological Review* 69, no. 5 (2004): 613–35.

## 第六章　给小书怪读书的正确方法

A. A. Ankowski, H. A. Vlach, and C. M. Sandhofer, "Comparison Versus Contrast: Task Specifics Affect Category Acquisition," *Infant and Child Development* 22, no. 1 (2013): 1–23.

## 第七章　小书怪的引诱方法

M. D. Evans, J. Kelley, and J. Sikora, "Scholarly Culture and Academic Performance in 42 Nations," *Social Forces* 92, no. 4 (2014): 1573–1605.

S. M. Smith and E. Vela, "Environmental Context-Dependent Memory: A Review and Meta-Analysis," *Psychonomic Bulletin & Review* 8, no. 2 (2001): 203–20.

H. A. Vlach and C. M. Sandhofer, "Developmental Differences in Children's Context-Dependent Word Learning," *Journal of Experimental Child Psychology* 108 (2011): 394–401.

E. R. Goldenberg and C. M. Sandhofer, "Same, Varied, or Both? Contextual Support Aids Young Children in Generalizing Category Labels," *Journal of Experimental Child Psychology* 115, no.1 (2013): 150–62.

## 第十章　小书怪的屏幕时间

V. Rideout, "The Common Sense Census: Media Use by Kids Age Zero to Eight," ed. M. Robb, Common Sense Media (2017).

B. Huber et al., "The Effects of Screen Media Content on Young Children's Executive Functioning," *Journal of Experimental Child Psychology* 170 (2018): 72–85.

G. A. Strouse, and J. E. Samson, "Learning from Video: A Meta-Analysis of the Video Deficit in Children Ages 0 to 6 Years," *Child Development* (2020).

D. A. Gentile et al., "Bedroom Media: One Risk Factor for Development," *Developmental Psychology* 53, no.12 (2017): 2340–55.

B. T. McDaniel and J. S. Radesky, "Technoference: Parent Distraction with Technology and Associations with Child Behavior Problems," *Child Development* 89, no. 1 (2018): 100–9.

H. L. Kirkorian et al., "The Impact of Background Television on Parent-Child Interaction" *Child Development* 80, no. 5 (2009): 1350–59.

E. F. Masur, V. Flynn, and J. Olson, "Infants' Background Television Exposure During Play: Negative Relations to the Quantity and Quality of Mothers' Speech and Infants' Vocabulary Acquisition," *First Language* 36, no. 2 (2016): 109–23.

E. Wartella et al., *Parenting in the Age of Digital Technology*, Center on Media and Human Development School of Communication, Northwestern University (2013).

P. M. Greenfield, "Technology and Informal Education: What Is Taught,

What Is Learned," *Science* 323, no. 5910 (2009): 69–71.

C. A. Anderson et al., "Violent Video Game Effects on Aggression, Empathy, and Prosocial Behavior in Eastern and Western Countries: A Meta-Analytic Review," *Psychological Bulletin* 136, no. 2 (2010): 151.

S. Roseberry, K. Hirsh-Pasek, and R. M. Golinkoff, "Skype Me! Socially Contingent Interactions Help Toddlers Learn Language," *Child development* 85, no. 3 (2014): 956–70.

M. Krcmar and D. P. Cingel, "Parent-Child Joint Reading in Traditional and Electronic Formats," *Media Psychology* 17, no. 3 (2014): 262–81.

A. Mangen, B. R. Walgermo, and K. Brønnick, "Reading Linear Texts on Paper Versus Computer Screen: Effects on Reading Comprehension," *International Journal of Educational Research* 58 (2013): 61–68.

## 第十一章  小书怪的玩耍时间

K. Hirsh-Pasek, M. C. Hyson, and L. Rescorla, "Academic Environments in Preschool: Do They Pressure or Challenge Young Children," *Early Education and Development* 1, no. 6 (1990): 401–23.

S. M. Fruh, "The Surprising Benefits of the Family Meal," *The Journal for Nurse Practitioners* 7, no.1 (2011): 18–22.

D. Bergen, "The Role of Pretend Play in Children's Cognitive Development," *Early Childhood Research & Practice* 4, no. 1 (2002): n1.

## 第十二章  小书怪的集体活动

J. E. Adrian, "Parent-Child Picture-Book Reading, Mothers' Mental State Language and Children's Theory of Mind," *Journal of Child Language* 323

(2005): 673–86.

R. A. Mar, K. Oatley, and J. B. Peterson, "Exploring the Link Between Reading Fiction and Empathy: Ruling Out Individual Differences and Examining Outcomes," *Communications* 34, no. 4 (2009): 407–28.

## 第十三章　小书怪爱吃"美味佳肴"

E. Hoicka, S. Jutsum, and M. Gattis, "Humor, Abstraction, and Disbelief," *Cognitive Science* 32, no. 6 (2008): 985–1002.

R. Dou et al., "Early Informal STEM Experiences and STEM Identity: The Importance of Talking Science," *Science Education* 103, no. 3 (2019): 623–37.

## 第十四章　小书怪的名字有魔力

J. T. Jones, "How Do I Love Thee? Let Me Count the Js: Implicit Egotism and Interpersonal Attraction," *Journal of Personality and Social Psychology* 87, no. 5 (2004): 665.

R. Treiman et al., "Parents' Talk About Letters with Their Young Children," *Child Development* 86, no. 5 (2015): 1406–18.

R. Treiman et al., "Parents' Talk About Letters with Their Young Children," *Child Development* 86, no. 5 (2015): 1406–18.

## 第十五章　小书怪喜欢哈哈大笑

W. E. Hauck and J. W. Thomas, "The Relationship of Humor to Intelligence, Creativity, and Intentional and Incidental Learning," *The Journal of Experimental Education* 40, no. 4 (1972): 52–55.

E. Hoicka, S. Jutsum, and M. Gattis, "Humor, Abstraction, and Disbelief," *Cognitive Science* 32, no. 6 (2008): 985–1002.

M. G. Lovorn, "Humor in the Home and in the Classroom: The Benefits of Laughing while we Learn," *Journal of Education and Human Development* 2, no. 1 (2008).

## 第十六章　小书怪有"两条舌头"

J. Morales, A. Calvo, and E. Bialystok, "Working Memory Development in Monolingual and Bilingual Children," *Journal of Experimental Child Psychology* 114, no. 2 (2012): 187–202.

S. Alladi et al., "Bilingualism Delays Age at Onset of Dementia, Independent of Education and Immigration Status," *Neurology* 81, no. 22 (2013): 1938–44.

P. K. Kuhl, F. M. Tsao, and H. M. Liu, "Foreign-Language Experience in Infancy: Effects of Short-Term Exposure and Social Interaction on Phonetic Learning," *Proceedings of the National Academy of Sciences* 100, no.15 (2003): 9096–101.

## 第十七章　让小书怪掌握英语语音

J. K. Torgesen, R. K. Wagner, and C. A. Rashotte, "Longitudinal Studies of Phonological Processing and Reading," *Journal of Learning Disabilities* 27, no. 5 (1994): 276–86.

J. Lee, "Size Matters: Early Vocabulary as a Predictor of Language and Literacy Competence," *Applied Psycholinguistics* 32, no. 1 (2011): 69.

P. E. Bryant et al., "Nursery Rhymes, Phonological Skills and Reading,"

*Journal of Child Language* 16, no. 2 (1989): 407–28.

## 第二十章 小书怪喜欢写字

R. Lever and M. Sénéchal, "Discussing Stories: On How a Dialogic Reading Intervention Improves Kindergartners' Oral Narrative Construction," *Journal of Experimental Child Psychology* 108, no. 1 (2011): 1–24.

V. Purcell-Gates, "Lexical and Syntactic Knowledge of Written Narrative Held by Well-Read-to Kindergartners and Second Graders," *Research in the Teaching of English* (1988): 128–60.

P. A. Mueller and D. M. Oppenheimer, "The Pen is Mightier than the Keyboard: Advantages of Longhand over Laptop Note Taking," *Psychological Science* 25, no. 6 (1988): 1159–68.

D. Jones, and C. A. Christensen, "Relationship Between Automaticity in Handwriting and Students' Ability to Generate Written Text," *Journal of Educational Psychology* 91, no. 1 (1999): 44.

S. T. Peverly et al., "The Relationship of Handwriting Speed, Working Memory, Language Comprehension and Outlines to Lecture Note-Taking and Test-Taking Among College Students," *Applied Cognitive Psychology* 27, no. 1 (2013): 115–26.

H. Van Waelvelde et al., "SOS: A Screening Instrument to Identify Children with Handwriting Impairments," *Physical & Occupational Therapy in Pediatrics* 32, no. 3 (2012): 306–19.

J. Ziviani and J. Elkins, "Effect of Pencil Grip on Handwriting Speed and Legibility," *Educational Review* 38, no. 3 (1986): 247–57.

M. Longcamp, M. T. Zerbato-Poudou, and J. L. Velay, "The Influence of Writing Practice on Letter Recognition in Preschool Children: A Comparison Between Handwriting and Typing," *Acta psychologica* 119, no. 1 (2005): 67–79.

## 第二十一章　小书怪喜欢"怪词"

A. Senghas, "Intergenerational Influence and Ontogenetic Development in the Emergence of Spatial Grammar in Nicaraguan Sign Language," *Cognitive Development* 18, no. 4 (2003): 511–31.

## 第二十三章　小书怪重视细节

M. Carr et al., "Strategy Acquisition and Transfer Among American and German Children: Environmental Influences on Metacognitive Development," *Developmental Psychology* 25, no. 5 (1989): 765.

## 结语　小书怪能克服任何困难

J. C. Sherwin et al., "The Association Between Time Spent Outdoors and Myopia in Children and Adolescents: a Systematic Review and Meta-Analysis," *Ophthalmology* 119, no. 10 (2012): 2141–51.

# 致　谢

感谢我们的孩子，萨米、弗雷迪和米莉耶，他们给了我们写这本书的理由，为本书内容增添了令人惊奇的趣事，并向我们展示了三个小书怪可以"凶猛"得多么奇妙!

感谢我们的父母，玛丽·乔·安科夫斯基（Mary Jo Ankowski）和吉姆·安科夫斯基（Jim Ankowski），以及杰克·阿吉亚尔（Jack Aguiar）和凯伦·阿吉亚尔（Karen Aguiar），他们把我们培养成热爱阅读的人，所以我们才能以同样的方式养育自己的孩子。感谢我们的兄弟姐妹，妮可·哈维拉（Nicole Harvilla）、杰森·阿吉亚尔（Jason Aguiar）、希瑟·尤德尔（Heather Udell），和克里斯汀·戴维斯（Kristin Davies），他们多年来和我们分享了无数自己的故事。

感谢 T. J. 索切尔（T. J. Sochor）和阿什利·索切尔（Ashleigh Sochor）、克里斯·罗素（Chris Russell）和艾米莉·罗素（Emily Russell）、阿什利·库利克（Ashley Kulik）、彼得·凯夫林（Peter

Kavelin），他们帮助我们设计了小书怪这个生物的样子。感谢珍·普拉卡什（Jen Prakash）帮助我们审阅了书稿的早期版本，也感谢埃尔林·韦尔（Erin Vail）、梅根·巴尔特鲁扎克（Megan Baltruzak），以及玛丽·阿吉亚尔（Mary Aguiar），他们给我们提供了书中的一些灵感。

感谢所有对我们家产生重大影响的老师们，包括教过我们的老师，尤其是谢莉·塞格勒（Sherie Segler）、佩吉·奥克斯利（Peggy Oxley），以及比尔·克尔温（Bill Kerwin）；还有教过我孩子的老师们，尤其是爱德华·克里（Edward Curry），他以孜孜不倦、充满乐趣的方式引导孩子们阅读，让我们深受启发；还有克里科尔·梅斯罗比亚（Krikor Mesrobian），他以充满热情的方式维持孩子们对阅读的热爱（也是他激发了我们家对"哈利·波特"系列的热爱）。

感谢安珀的同事和导师，他们在帮助她掌握撰写本书所需要的经验和专业能力上功不可没。我们尤其要感谢凯西·桑德霍夫（Cathy Sandhofer），她在我们撰写书稿的每一个阶段都陪伴着我们。

感谢我们的经纪人乌韦·斯滕德（Uwe Stender），他对我们的工作充满了热情，也鼓励着我们坚持写作。我们也想感谢实验出版公司（The Experiment）的巴蒂亚·罗森布鲁姆（Batya Rosenblum）、汉娜·马图斯扎克（Hannah Matuszak）和所有其他工作人员，是他们让我们得以自由探索小书怪的探险之旅。